W0376388

Dédié à ma maman Joëlle,
qui m'a donné le goût et l'envie
d'avoir des passions merveilleuses.
Merci !

© 2020 Les Éditions Ulmer
24, rue de Mogador
75009 Paris
Tél. : 01 48 05 03 03
www.editions-ulmer.fr
Retrouvez-nous
sur Facebook et Instagram

Réalisation : Guillaume Duprat
Suivi éditorial : Antoine Isambert
Impression : Printer Trento, srl
ISBN : 978-2-37922-086-9
N° d'édition : 086-01

Dépôt légal : mars 2020
Printed in Italy

FSC
www.fsc.org
MIXTE
Papier issu de
sources responsables
FSC® C015829

ARTHUR MOTTÉ
@le_potager_darthur

MON PETIT POTAGER BIO

sur 15 m²

ulmer

INTRODUCTION

Je m'appelle Arthur, j'ai 18 ans et j'habite en Belgique. Et aussi étonnant que cela puisse paraître, une de mes nombreuses passions est le jardinage !
Tout a commencé quand j'avais sept ans environ. J'ai rencontré un monsieur dans mon village qui s'appelait Alphonse. Il entretenait un énorme potager où poussaient en abondance toute sorte de légumes. Malgré son âge, 78 ans, il était en pleine forme. Nous nous sommes rapidement liés d'amitié.
Chaque jour après l'école, je passais au potager où il m'enseignait la magie du jardinage : comment semer ses légumes, s'en occuper, nous goûtions des tomates et je mettais les mains dans la terre. Son jardin était sa passion et il en parlait avec enthousiasme. J'étais époustouflé par ses histoires. Dire qu'une petite graine peut donner d'énormes citrouilles me fascine. Je n'arrive toujours pas à croire à quel point la nature est belle et étonnante.

Au début, j'ai fait mes premiers essais dans le jardin d'Alphonse, et très vite dans les plates-bandes de mes parents. À la mort de mon ami, j'ai décidé de lui rendre hommage en continuant de mettre en pratique tout ce qu'il m'avait transmis.

J'ai donc demandé à mes parents une parcelle de terre et mon aventure a débuté avec 15 m^2. Je me suis vite rendu compte qu'Alphonse m'avait donné les bases et que j'étais capable d'être autonome.
Cela fait plusieurs années que j'expérimente et quelle satisfaction !
En ce moment dans mon jardin, il y a des tomates multicolores, des betteraves aux magnifiques feuilles violettes, des courgettes délicieuses, des herbes aromatiques, des fleurs en tout genre pour les abeilles...

Je m'amuse aussi à cultiver des courges incroyables ou des légumes exotiques comme des cucamelons, en avez-vous déjà entendu parler ?

J'ai créé en 2016 un compte Instagram puis un blog pour échanger avec d'autres jardiniers, partager des photos de mon jardin, des différentes récoltes... Je suis convaincu que si chacun d'entre nous cultivait ses propres légumes, nous pourrions tous travailler à un monde meilleur et apporter notre contribution dans la lutte contre le changement climatique. Partager ma passion du jardinage est un acte militant. Mais pas que ! Il aide à réduire le stress et nous récompense avec des légumes délicieux, biologiques et locaux. De quoi d'autre a-t-on besoin pour être heureux ?

Dans ce livre, je vais vous guider pendant une année. En effet, je vous ferai part de mes réussites et vous donnerai des conseils pour que vous ne fassiez pas les mêmes erreurs que moi. Être un bon jardinier n'est pas toujours simple : tout ce que vous allez planter ne va pas pousser, vous allez peut-être devoir lutter contre les maladies et les mauvaises herbes. Mais je vais vous donner des astuces simples et qui ont fait leurs preuves dans mon potager.

J'espère vous communiquer le goût et l'envie de cultiver vos propres légumes, et ceci, même sur une petite surface. Car oui, si moi, un jeune de 18 ans, j'ai réussi à créer un petit paradis sur seulement 15 m^2, alors tout le monde en est capable !

Bonne lecture,

Arthur

Le
Potager
d'Arthur

SOMMAIRE

Printemps

Été

Automne

DÉMARRER UN POTAGER

Avant de vous lancer dans le jardinage en tant que tel, vous devez vous poser quelques questions afin d'être bien préparé. En effet, il faut trouver un lopin de terre adéquat, avoir le bon matériel, dessiner un plan afin de bien organiser les plantations, choisir les bonnes semences...

La première année, votre potager peut demander un certain investissement : il faut acheter quelques outils, des graines, peut-être même une petite serre ? Mais de nombreuses astuces peuvent faire baisser la note : acheter des outils d'occasion dans une brocante ou échanger des graines avec des jardiniers du coin. Une fois ces premiers achats effectués, votre potager ne vous coûtera quasiment rien. Les outils se gardent des années si

Une des toutes premières photos de mon potager ! La terre était fraîchement retournée et je n'avais encore rien planté. Ça fait plus petit, n'est-ce pas ?

l'on en prend soin et il est possible de récolter ses propres graines. Je vous expliquerai tout en détail dans les prochains chapitres !

Avant de créer un potager, il faut définir certains paramètres. Voici une liste de tous les éléments que j'ai pris soin de vérifier avant de cultiver mon lopin de terre :

EMPLACEMENT

Tout d'abord, il faut trouver **le bon endroit** ! Celui-ci doit être de préférence :

* **Près de la cuisine**. Pour que le potager soit le plus pratique possible, il doit être accessible facilement. Si vous avez besoin de légumes ou d'herbes fraîches, ce sera bien plus facile d'aller les cueillir à quelques mètres de votre laboratoire culinaire plutôt que de parcourir une grande distance.

* **Au soleil**, un critère indispensable ! Sans soleil, vos légumes auront du mal à pousser. Trouvez un endroit avec minimum 6 à 7 heures d'ensoleillement par jour en été. Plus votre potager est exposé, mieux les légumes pousseront. Il ne doit donc pas être trop proche d'arbres qui lui feraient de l'ombre et avec qui il y aurait une concurrence pour l'eau. L'autre avantage d'un potager au soleil est que la terre chauffera plus vite au printemps, ce qui veut dire que vous pourrez commencer la saison le plus tôt possible.

* **À l'abri du vent**. La plupart des légumes aiment être protégés du vent, surtout les plantes méditerranéennes comme les tomates, les aubergines et les poivrons qui adorent la chaleur. Le vent fait descendre les températures de plusieurs degrés. Choisissez donc un endroit abrité, contre un mur ou bien entouré de haies (sans que celles-ci ne cachent le soleil). Mon potager est entouré de haies de thuyas au nord ce qui le protège des vents froids.

* **Attention à la proximité avec les arbres**. Même s'ils ont beaucoup d'avantages : créer de l'ombre pendant les jours d'été, retenir la terre contre l'érosion, évacuer l'eau plus rapidement pendant de gros orages... Ils ont un désavantage important : comme ils puisent l'eau en profondeur, la terre se dessèchera plus rapidement. Vos légumes auront donc besoin de plus d'arrosage. Ce critère n'est pas obligatoire mais il vous économisera des efforts.

Près de mon propre potager, il y a quelques énormes thuyas. En été, le côté droit du potager a donc un sol plus sec à cause de la proximité avec ces arbres. J'ai trouvé une solution ! Au lieu d'y planter des légumes, j'y sème des fleurs sauvages.

SUPERFICIE

Après avoir trouvé votre emplacement, il faut **délimiter** le lopin de terre. Les débutants commencent souvent par un immense potager qui demande beaucoup d'entretien. Ils se retrouvent donc débordés par les mauvaises herbes et délaissent peu à peu leur potager qui demande trop de travail. Commencez petit ! Plus votre expérience grandira, plus vous pourrez agrandir votre potager si vous le désirez.
J'ai débuté par de simples plates-bandes, pour ensuite créer un petit lopin de terre de 15 m^2 en 2016. Au printemps de l'année 2019, j'y ai ajouté 10 m^2 supplémentaires, créant une superficie totale de 25 m^2. Évidemment, ce ne sont pas 25 m^2 de surface de culture. Il faut y soustraire la superficie du chemin, la petite terrasse... Si l'on calcule l'espace de culture dans mon potager, on arrivera à environ 15 m^2. Il se peut que vous ne puissiez pas agrandir votre potager, je vous proposerai quelques astuces pour pouvoir cultiver plus de plantes sans avoir besoin de plus de surface. (> PAGE 41.)

CONSEIL Placez une clôture ou des barrières autour de votre potager pour éviter que les animaux indésirables tels que les chiens, les chats, les renards, les chevreuils ne viennent s'y aventurer.

SOL

Une fois l'espace du futur potager délimité, **il faut passer de la pelouse** (c'était le cas pour moi) **à la terre nue**. Vous allez devoir enlever la couche supérieure, là où il y a l'herbe, avec une bêche. Ensuite vous pouvez retourner la terre à l'aide d'un motoculteur (à l'époque, mon père m'avait aidé). Si vous n'avez pas de motoculteur, retroussez vos manches, il faudra le faire à la bêche ! Cette étape est une des plus physique...

CONSEIL La méthode douce : très pratique si vous préparez votre potager bien en amont et que vous avez donc le temps. Vous pouvez disposer du carton sur l'herbe et du compost au-dessus du carton pour que celui-ci se décompose (ou une bâche qu'il faudra retirer au bout d'un certain temps). Le carton (ou la bâche) va étouffer l'herbe. Après quelques semaines, l'herbe sera morte et vous obtiendrez de la terre qu'il suffira de bêcher pour qu'elle soit prête pour le jardinage. Cette méthode est pratique si vous n'avez pas de motoculteur ou que vous ne voulez pas vous épuiser à retourner la terre.

Il faut ensuite **déterminer le type de sol** et si nécessaire, l'améliorer pour qu'il soit le plus adapté possible à vos légumes. Le sol est après tout l'élément clé qui va influencer la croissance des végétaux, et par conséquent la qualité de vos récoltes. Prenez donc le temps de soigner la terre de votre futur potager.
Comment déterminer le type de sol ? Il existe une méthode très simple : prenez une poignée de terre (humide) et essayez d'en faire une boule. Si vous n'y arrivez pas, vous avez un sol **sableux**. Si vous réussissez, essayez de transformer la boule en boudin et pliez-le. Si vous y parvenez sans qu'il ne casse, vous avez une terre **argileuse**. Si le boudin casse, vous avez un sol **limoneux**.

Le sol limoneux est un mélange de sable et d'argile, la combinaison parfaite pour votre potager.

Si votre sol correspond au dernier critère, réjouissez-vous car vous n'avez (presque) pas à l'améliorer ! Il vous suffira juste d'y ajouter un peu de compost (environ 10 kg par m^2) ou autres matières organiques pour enrichir la terre.
Par contre, si vous avez un sol sableux, cela signifie qu'il est très perméable et qu'il ne retiendra pas assez l'eau. Il sera trop sec en été. Ajoutez-y du compost (environ 10 kg par m^2) et éventuellement de l'argile (il en existe en poudre) pour alourdir et enrichir la terre.
Si votre sol est argileux, il suffira d'y ajouter du sable et du compost (environ 10 kg par m^2) pour l'alléger.
On recommande parfois d'y ajouter de la tourbe, mais je vous le déconseille fortement car ça n'est pas une ressource renouvelable. En plus, la tourbe que nous trouvons dans le commerce a été excavée des forêts et nous contribuons donc à leur destruction.

CONSEIL Une fois le sol amélioré et retourné en surface, évitez de marcher dessus, sinon vous allez gâcher tout votre travail ! La terre doit rester aérée.

LE PLAN

À l'aide de cette liste d'espèces, **déterminez les endroits où vous allez les planter**. Pour cela, faites un plan. En plus de vous aider à bien disposer vos légumes et faciliter la plantation, il vous sera utile pour les rotations de cultures.

Créer un plan décent n'est pas facile même si j'en fais déjà depuis quelque temps. Chaque année, il faut tenir compte de nombreux facteurs simultanément, comme un énorme puzzle. Pour vous faciliter les choses, j'ai énuméré **les critères les plus importants** :

CONSEIL Dessinez une rose des vents sur votre plan pour faciliter la disposition et l'orientation de vos légumes.

* Un bon plan commence toujours par le dessin de **la structure détaillée** de votre potager. Celui-ci va faire office de squelette. Faites d'abord un tour de votre parcelle, tout en mesurant les dimensions. Ensuite, prenez une grande feuille de papier (de préférence quadrillée, cela vous facilitera la tâche) et dessinez-y votre potager avec les mesures que vous

avez prises. N'oubliez pas le petit chemin sur lequel vous marcherez afin de ne pas écraser les légumes. La largeur optimale pour un chemin est d'environ 50 cm.

* Cultiver les mêmes légumes au même endroit pendant plusieurs années consécutives n'est pas bon. La terre sera appauvrie et le risque de maladies augmentera. C'est pour cela qu'il existe un système appelé **les rotations de cultures**. Il consiste d'abord à regrouper les légumes selon leur famille respective. Dans le potager, je désigne ensuite un endroit spécifique par famille. Enfin, chaque année, je change toutes les familles de place. Comme ça, aucun risque de répétition.

Au total nous pouvons distinguer 6 grandes familles :
Les choux : choux blancs, choux rouges, choux chinois, choux verts, bok choy, chou-fleur, brocoli...
Les légumineuses ou Fabacées : haricots, pois, pois chiches, lentilles...
Les légumes-fruits : potirons, concombres, tomates, piments, aubergines, courgettes, maïs, poivrons...
Les légumes-feuilles : laitues, bettes, céleris, céleris-raves, roquette, poireaux, épinards, mâche...
Les légumes-racines et tubercules : carottes, radis, panais, oignons, échalotes, ail, betteraves, fenouils, pommes de terre...
Les plantes vivaces : romarin, thym, sauge, lavande, menthe, artichauts...

NOTE : Les plantes vivaces, moins sujettes aux maladies, peuvent rester au même endroit dans le potager. De plus, il ne faut pas les replanter chaque année : laissez-les vivre leur vie !

* Une fois que vous avez identifié chaque famille, il suffit de remplir votre plan. Afin d'éviter de vous mélanger les pinceaux, je vous conseille de placer en premier **les légumes qui ont besoin de plus de temps pour grandir** ainsi que **ceux qui donneront de multiples récoltes** pendant une ou plusieurs saisons : plantes vivaces, légumes-fruits, choux et légumineuses. Ensuite, mettez les légumes-feuilles, tubercules, légumes racines, fleurs et herbes.

Lorsque vous disposez vos légumes, respectez 3 choses importantes qui sont indiquées sur les sachets de graines :
* **La distance** entre les plantations. Chaque plante a besoin d'un minimum de place pour se développer.

Personnellement, je trouve les distances notées sur les sachets de graines un peu exagérées. C'est pour cela que je prends environ ¾ des distances initiales. Cela m'économise de la place, ce qui veut dire que je peux cultiver plus de légumes !

CONSEIL Gardez une place pour mettre un hôtel à insectes. Cela augmentera la biodiversité de votre potager.
Pour en construire un vous-même, > page 48.

* **La hauteur**. Chaque légume a une hauteur différente. Pour éviter que les plantes basses ne se fassent envahir par les hautes, et manquent de lumière, il faut les placer au premier plan.

CONSEIL Utilisez les listes de plantes que vous avez préalablement classées > pages 17-18.

* **L'exposition**. Certaines plantes ont besoin de plus de soleil que d'autres et inversement. Dans un potager, la majorité des légumes a besoin de beaucoup de chaleur et de soleil afin de développer leurs goûts spécifiques. Particulièrement les herbes aromatiques et les légumes méditerranéens comme le romarin, le thym, la sauge, les tomates, les poivrons ou encore les piments. D'autres légumes par contre préfèrent plutôt la mi-ombre comme les potirons, les courgettes, les choux, les betteraves... Faites en sorte que les plantes aient tout ce dont elles ont besoin.

* **Les couleurs** (facultatif). Chaque année, j'essaie de transformer le potager en petit chef-d'œuvre. C'est pour cela que je tiens compte des couleurs. Je veille à mélanger les couleurs et à mettre un peu de chaque nuance dans tous les recoins de mon potager.

LE POTAGER D'ARTHUR

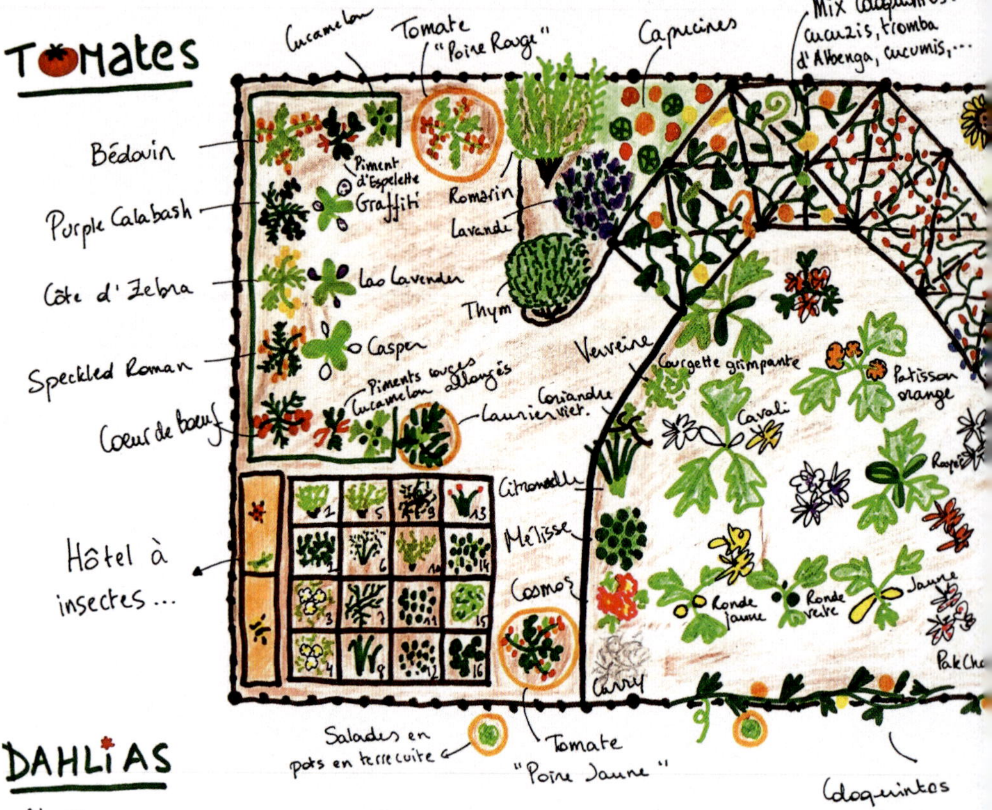

DAHLIAS

* Blanc
* Jaune grand
* Jaune petit
* Rose bonbon
* Blanc-mauve
* Rouge Wonder
* Rouge Wittemans

Herbes

1. Romarin
2. Mélisse
3. Camomille
4. Camomille
5. Romarin
6. Aneth
7. Estragon
8. Citronnelle
9. Sarriette
10. Verveine
11. Origan
12. Origan
13. Ciboulette
14. Persil plat
15. Coriandre
16. Persil frisé

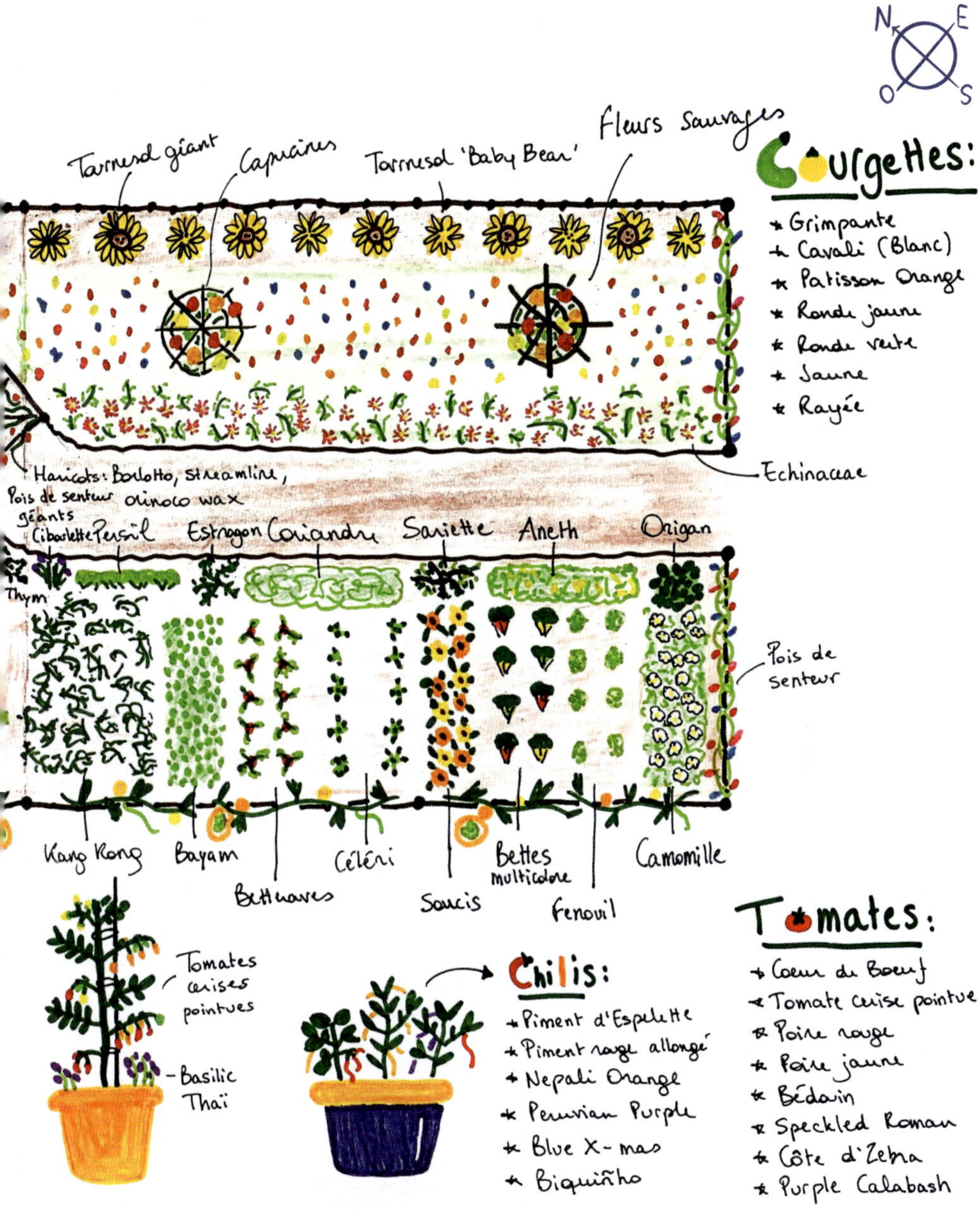
N
E
O
S
Tournesol géant
Capucines
Tournesol 'Baby Bear'
Fleurs sauvages
Courgettes:
* Grimpante
* Cavali (Blanc)
* Patisson Orange
* Ronde jaune
* Ronde verte
* Jaune
* Rayée
Echinacea
Haricots: Borlotto, streamline, orinoco wax
Pois de senteur géants
Ciboulette
Persil
Estragon
Coriandre
Sariette
Aneth
Origan
Thym
Pois de senteur
Kang Kong
Bayam
Betteraves
Céléri
Soucis
Bettes multicolore
Fenouil
Camomille
Tomates cerises pointues
Basilic Thaï
Chilis:
* Piment d'Espelette
* Piment rouge allongé
* Nepali Orange
* Peruvian Purple
* Blue X-mas
* Biquiñho
Tomates:
* Coeur de Boeuf
* Tomate cerise pointue
* Poire rouge
* Poire jaune
* Bédouin
* Speckled Roman
* Côte d'Zebra
* Purple Calabash

LES OUTILS

Pour semer, planter et jardiner de façon efficace et agréable, il faut avoir de bons outils de jardinage. Personnellement je fais une distinction entre les petits outils que j'utilise fréquemment et les plus grands pour des travaux conséquents. Voici ma collection d'outils :

CONSEIL Rassemblez tous les petits outils, utilisés fréquemment, dans une caisse en bois ou dans un sac à outils afin de faciliter leur utilisation.

PETITS OUTILS

Un carnet et un crayon : j'y note mes idées, expériences, ce que j'ai planté, la quantité des semences...

De la ficelle : très utile pour attacher des plantes telles que les tournesols mais aussi les tomates, concombres, aubergines, etc.

Une paire de ciseaux, un canif ou un petit couteau : indispensable pour couper la ficelle et toujours utile pour diverses tâches. Mais attention, mettez-les dans une boîte afin de ne pas vous couper lorsque vous cherchez un outil dans votre caisse.

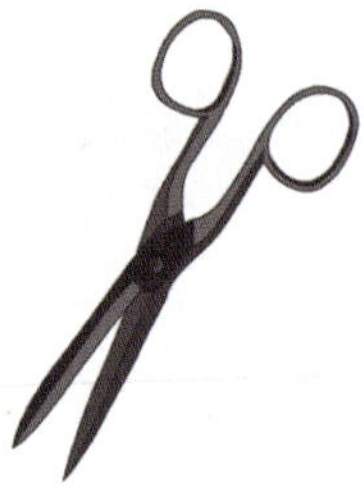

Des gants de jardinage : ils vous protègent contre les morsures, piqûres d'insectes indésirables ainsi que certaines plantes qui peuvent vous écorcher les mains.

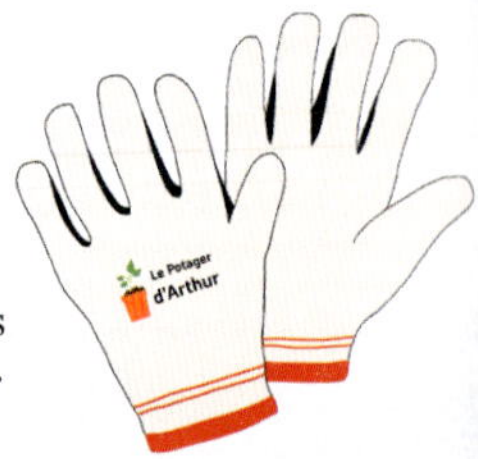

Un sécateur :
toujours utile pour couper des branches et tiges costaudes.

Un transplantoir :
outil indispensable dans le potager ! Je l'utilise assez souvent pour – comme le nom le dévoile déjà – transplanter de jeunes plants.

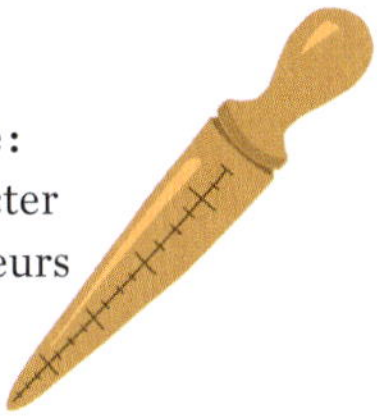

Un plantoir gradué :
vous aidera à respecter les bonnes profondeurs de semis.

Un cordeau :
indispensable pour semer en ligne droite. Je vous conseille de le fabriquer vous-même avec deux bâtons (ou deux morceaux de tuteur) et un long bout de ficelle.

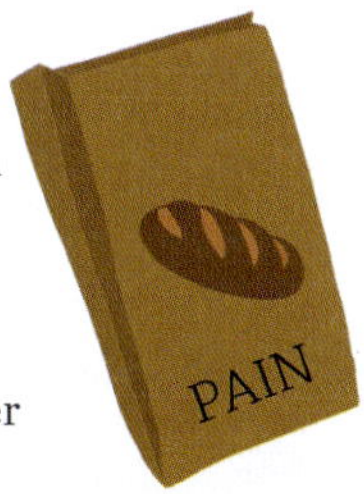

Des Sacs à pain : quand je récolte les légumes, cela peut être pratique d'avoir un sachet à pain pour tout mettre dedans. Vous pouvez aussi vous procurer un joli panier en osier.

Des plaquettes :
une fois que les plantes ont grandi, je les regroupe dans le potager et utilise des plaquettes pour les identifier.

Des étiquettes et un marqueur permanent :
chaque fois que je sème quelque chose, je l'identifie car les jeunes plants se ressemblent beaucoup.

Des petits sachets en papier : idéal pour récolter des graines ; n'oubliez pas de les identifier. Vous pouvez là aussi facilement vous procurer des sachets de récup' ou bien les fabriquer vous-même.

Une etite brosse et un chiffon : après avoir utilisé mes outils de jardinage, je les nettoie afin de préserver leur brillance et d'éviter qu'ils ne rouillent. Il n'est pas agréable d'avoir de la terre séchée sur ses outils.

CONSEIL En été, pensez à la gourde d'eau et au chapeau !

GRANDS OUTILS

Une pelle : pour déplacer de la terre.

Une bêche : pour retourner la terre.

Une binette : pour enlever les mauvaises herbes entre les plantes.

Une griffe : bien efficace pour gratter la terre autour des plantations.

Un arrosoir : surtout si vous n'avez pas de tuyau d'arrosage.

Un pulvérisateur : je l'utilise pour pulvériser des solutions biologiques et écologiques contre certaines maladies.

Une fourche : idéale pour retourner et aérer le tas de compost.

Un râteau (râteau-étrier) : ce râteau en fer sert à l'aplanissement de la terre.

Un râteau à feuilles : surtout utilisé en automne, il aide à rassembler les feuilles et autres plantes mortes plus rapidement.

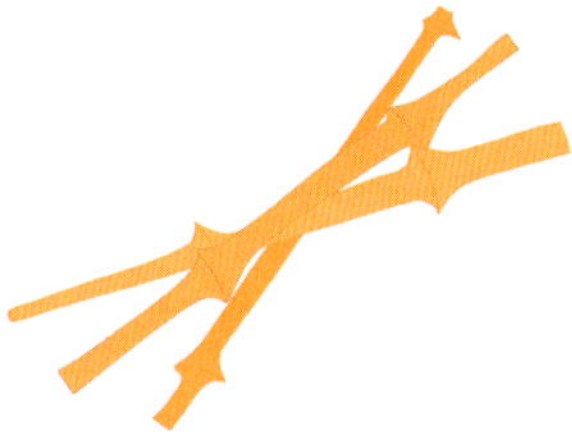

Des tuteurs en bambou (ou autre) : indispensables au potager pour soutenir des grandes plantes fragiles comme les tournesols, les tomates, les haricots… Je conseille plutôt le bambou, car il est plus solide et pourrit moins vite.

Une plaque de germination (plateau à semis) : je m'en sers pour faire mes plants.

Une brouette : elle facilite le transport de compost, de terreau…

CONSEIL Nettoyez vos outils après chaque usage car jardiner avec des outils propres est toujours bien plus agréable ! Enduisez-les régulièrement d'huile afin de garder leur brillance.

LES SEMENCES

Une bonne récolte dépend en grande partie de la qualité des semences. C'est pour cela que je choisis mes graines selon certains critères :

La limite de germination : Chaque graine ne se conserve que pendant quelques années. Une fois la limite dépassée, les semences risquent de ne plus germer convenablement. La limite de germination dépend de l'espèce mais aussi de la façon dont les graines ont été conservées. Elle est toujours indiquée sur le sachet de graines (comme une date de péremption).

CONSEIL Pour obtenir une période de germination maximale, gardez les semences dans un endroit plutôt frais (autour des 18 °C) et sec, afin d'éviter qu'elles ne moisissent. Ne les conservez jamais dans du plastique, mais toujours dans des sachets en papier pour que le taux d'humidité puisse s'autoréguler.

Pour vous donner quelques idées des limites de germination :

* 2 ans : panais, oignons, poireaux.
* 3 ans : pois, haricots, radis, potirons, fenouils, concombres, épinards.
* 4 ans : courgettes, betteraves, carottes, maïs, laitues.
* 5 ans et plus : choux, piments, poivrons, tomates, bettes, céleris.

NOTE : Si vous trouvez par hasard un vieux sachet de graines dont vous n'êtes pas sûr qu'elles vont germer, prenez du coton ou de l'essuie-tout, humidifiez-le et déposez-y quelques graines. Placez le tout dans une boîte fermée hermétiquement. Si après quelques semaines la plupart des graines ont germé, vous pouvez encore les utiliser.

Biologiques ? Je choisis toujours des semences **biologiques et de préférence locales**. Les semences non biologiques ont été nettoyées avec des produits chimiques et enduites dans des pesticides et produits antifongiques afin d'être protégées contre d'éventuelles maladies. Ces produits

Graines de coriandre

sont non seulement nocifs pour notre propre santé, mais aussi pour celle des insectes pollinisateurs comme les abeilles et les bourdons.

La variété : J'essaie le plus possible de choisir des **variétés anciennes** parce qu'elles ont généralement plus de goût et sont de qualité supérieure. Parfois on peut apercevoir l'indication « F1 » sur un sachet de graines. Qu'est-ce exactement ? Le terme F1 trouve son origine du latin et signifie « Filius 1 » ou « Premier Fils ». Les F1 sont des plantes hybrides qui sont le résultat de deux plantes différentes. Par exemple : pour obtenir une aubergine mauve aux rayures blanches, il suffit de croiser une aubergine blanche avec une aubergine mauve. Ce processus est tout à fait naturel et est souvent appliqué pour obtenir un rendement plus élevé. Mais attention, on ne peut pas récolter les graines des plantes hybrides car elles ne donneront pas le même résultat. Les plantes F1 sont également plus exigeantes en soins et c'est pour cela que je les déconseille pendant les premières années.
La première année il faudra acheter des semences mais ensuite on peut les récolter chaque année, ce qui veut dire qu'on ne devra plus en acheter à l'exception des variétés F1 ! (POUR APPRENDRE À RÉCOLTER DES SEMENCES, > PAGE 83) Un autre avantage : grâce à l'évolution, les plantes s'habitueront à votre sol et climat et transmettront ces informations précieuses à leurs descendantes. Après quelques générations, vous obtiendrez donc une variété parfaite pour votre potager.

CONSEIL Il existe des centaines de variétés de tomates différentes : des jaunes, des noires, des rayées, de taille et de formes multiples ! Dans les supermarchés, nous trouvons souvent des légumes qui se ressemblent et la plupart du temps de la même variété. L'intérêt de cultiver soi-même est que l'on peut choisir des variétés différentes. Vous pourrez par exemple vous amuser à cultiver des haricots verts de couleur violette. Je vous conseille de faire des essais !

AU PRINTEMPS

LES SEMIS

C'est avec l'arrivée du printemps, enfin, que vous allez vraiment commencer à jardiner ! Et la première tâche va être de **semer**. En effet, vous allez soit directement planter les graines dans la terre, soit préparer les plants en pots à l'intérieur et lorsqu'ils seront assez résistants, les placer en pleine terre. Vous pouvez commencer vos semis en pots avant les Saints de Glace mais pour les graines en pleine terre, il faudra être plus patient et attendre que les dernières gelées soient passées.

CONSEIL LES SAINTS DE GLACE

Les dernières gelées se situent vers la mi-mai, aux dates où saint Mamert, saint Pancrace et saint Servais sont fêtés depuis le Moyen Âge (11, 12 et 13 mai), et appelées pour cette raison les Saints de Glace. Pour protéger du gel les plantes sensibles, comme la tomate, laissez-les à l'intérieur jusqu'à cette période. Même si le temps peut sembler clément, il peut rapidement changer ou la température peut descendre de façon surprenante la nuit. Gardez un œil sur les prévisions météorologiques avant de commencer à planter !

SEMER EN POT

C'est vers la fin du mois de mars ou parfois même début avril que je commence mes semis en intérieur. Je les fais soit dans ma serre, soit chez moi près d'une fenêtre. Certaines espèces ont une croissance particulièrement lente. Je les sème alors en février. (VOIR CALENDRIER DE CULTURE > P. 92).

Voici les **5 contenants** que j'utilise pour faire mes semis :

BOÎTE À ŒUFS

Elles ont beaucoup d'avantages : biodégradables, bon marché et faciles à utiliser. Il suffit de remplir la partie où sont normalement placés les œufs de terre ; vous pouvez semer une graine par emplacement pour œuf.

PRINTEMPS

Comme le boîtes à œufs sont biodégradables, vous pouvez directement mettre chaque plan en terre (après avoir découpé la boîte pour que chaque plan soit indépendant). Avant de les mettre en terre, n'oubliez pas d'enlever tous les autocollants...

BLOCS DE TERREAU

Voici une de mes alternatives préférées ! C'est une solution zéro déchets qui est facile à réaliser grâce à un outil appelé presses mottes. Ils existent en différentes tailles, nombres, matériaux, etc. Si vous faites peu de blocs, je vous conseille le singulier ❶ : il est petit, ne fabrique qu'un bloc de terreau à la fois et est également facile à utiliser et à ranger. Par contre, si vous semez une grande variété de plantes, je vous conseille le presse motte en métal ❷ : il est solide, ne rouille pas et peut créer jusqu'à 35 blocs à la fois selon la taille choisie.

COMMENT FABRIQUER DES BLOCS DE TERREAU ?

Dans un seau, mélangez ¾ de terreau pour semis et ¼ de sable. Comme la terre sera compressée, le sable allégera le mélange mais évitera également la formation de champignons et de moisissures.

Ajoutez de l'eau jusqu'à obtention d'une mixture pâteuse.
N'ayez pas peur d'ajouter trop d'eau car le surplus sortira quand vous compresserez les blocs.

Prenez le presse motte, retournez-le et remplissez les cubes en appuyant bien sur le terreau.

Enfin, mettez le presse motte sur un plateau avec les cubes vers le bas, pressez fort et appuyez tout doucement sur le presse-motte afin de faire sortir les blocs de terreau. Mettez une à deux graines par cube de terreau.

❶

❷

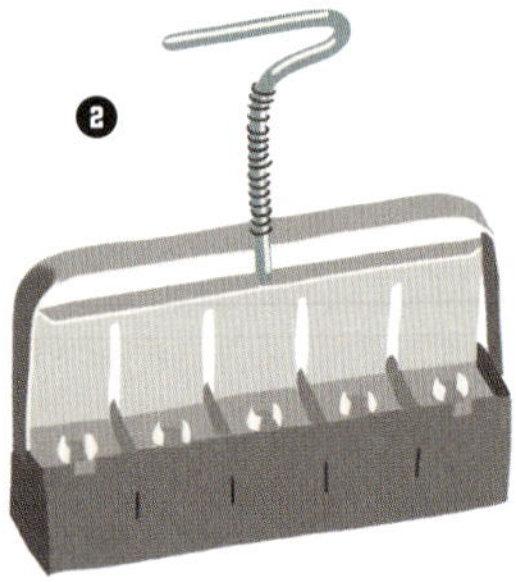

POTS EN PAPIER JOURNAL

Au lieu de jeter vos vieux journaux à la poubelle, vous pouvez les transformer en pots. Tous les journaux sont biodégradables, mais certaines encres sont produites à base de pétrole, et nous souhaitons éviter qu'il aille dans notre terre !

COMMENT FABRIQUER DES POTS EN PAPIER JOURNAL ?

J'utilise un verre de type verre à eau comme ça, en fonction de sa taille, je peux choisir la taille des pots.

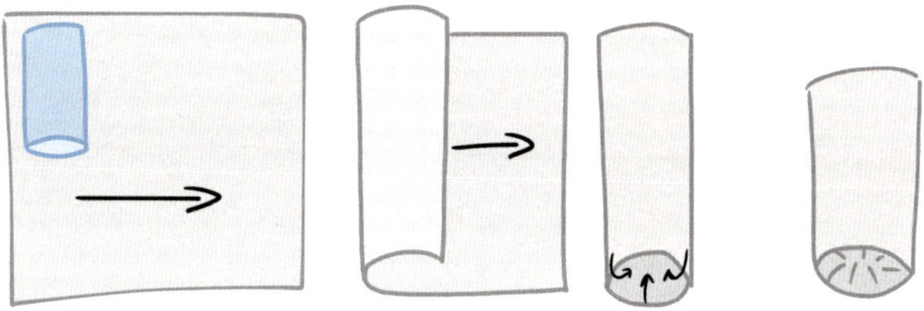

❶ Prenez une grande feuille de papier journal et posez-la devant vous. Prenez un verre à eau. La taille du verre sera la même de celle du pot en papier. Placez-le dans le coin supérieur gauche avec l'ouverture vers le bas.

❷ Roulez le verre dans le papier et poussez le surplus dans le verre. Celui-ci formera le dessous du pot.

❸ Sortez le verre du pot et appuyez bien sur le fond du pot en papier journal afin de bien fermer et solidifier le dessous.

Et voilà, vous n'avez plus qu'à le remplir de terreau!

PETITS POTS EN TERRE CUITE

Une alternative esthétique et écologique. Il y a quelques années j'ai trouvé de minuscules pots dans une brocante. Depuis, je les utilise pour les semis des plantes méditerranéennes. Quand les pots en terre cuite sont exposés au soleil, les racines chauffent plus vite ce qui accélère la croissance des jeunes plants.

ROULEAUX PAPIER TOILETTE/ ESSUIE-TOUT

Au lieu de jeter les rouleaux de papier toilette ou d'essuie-tout, vous pouvez les transformer en petits tubes biodégradables pour vos semis. Il suffit de fermer le dessous en faisant quatre petites encoches et de replier les bouts de carton. Ensuite, remplissez-le de terreau pour semis.

CONSEIL Pour obtenir des plantes vigoureuses, ne mettez que deux semences maximum par pot. Si seulement une des deux graines germe, vous pouvez laisser pousser tranquillement la petite plante. Si vous constatez que les deux semences ont germé, attendez que les pousses aient une hauteur d'environ 5 cm. Ensuite, essayez de les détacher tout doucement l'une de l'autre afin de ne pas (trop) détruire les racines. Remettez-les enfin dans des pots séparés pour qu'elles puissent se développer facilement.

Si vous laissez les jeunes plantes trop longtemps à l'intérieur, elles seront maigres et affaiblies. Pour éviter cela, placez-les dehors en journée dès qu'elles ont une hauteur d'environ 10 cm. N'oubliez pas de les rentrer le soir afin d'éviter qu'elles ne gèlent. Après les Saints de Glace vous pourrez les planter en pleine terre.

Pour les semis en pots, on ne peut pas utiliser n'importe quelle terre. Remplissez vos contenants avec du **terreau pour semis**. Celui-ci a une texture légère afin que les minuscules graines puissent se développer facilement. Si vous utilisez une terre trop lourde, vous risquez d'étouffer les graines. Par conséquent, les racines ne pourront pas bien se développer, les petits plans seront faibles ou mourront. La germination des graines est un processus très délicat. Le succès de celui-ci dépendra de deux facteurs majeurs : **la température et l'arrosage**. En ce qui concerne la température, évitez des grandes fluctuations, elle ne doit pas être trop basse ni trop haute. Une température optimale se situe entre 18 et 23 °C à l'exception des tomates, piments, poivrons et aubergines qui préfèrent des températures entre 20 et 25 °C. Pour l'arrosage : évitez de laisser le terreau se dessécher une fois les graines semées. Quand elles commencent à germer, les semences sont extrêmement sensibles à l'humidité. Si le terreau est trop sec, la jeune racine se desséchera et la plante mourra. Par contre, si le terreau est trop mouillé, vous allez noyer la plante et la graine pourrira. Trouvez un juste milieu en laissant la terre toujours légèrement humide.

SEMER EN PLEINE TERRE

Certaines plantes telles que les carottes, les radis, les betteraves ou encore les fleurs en graines, devront être semés directement en pleine terre. Pour assurer une bonne germination dans la terre brute, et moins riche que le terreau, il faudra la travailler.
Pour cela, enlevez d'abord toutes les mauvaises herbes avec la **binette**. Grattez ensuite la parcelle de terre où vous allez semer avec la **griffe** et après avec le **râteau** pour aplanir le tout.

Mon potager avant les semis en pleine terre.

Certaines semences sont extrêmement fragiles, veillez donc à ce que la terre soit la plus fine possible, il ne faut pas qu'il y ait de grosses mottes. Utilisez ensuite le cordeau afin de semer en ligne droite et creusez une tranchée d'une profondeur maximum de deux fois la taille des semences.

CONSEIL Une fois la tranchée creusée, humidifiez-la afin que les graines restent collées et qu'elles ne s'envolent pas.

Comme les plants de haricots sont minces, semez une grande quantité de graines pour obtenir une plus grande récolte.

CONSEIL Ajoutez un peu de terreau et de sable de rivière (attention pas de sable blanc !) pour alléger la terre.

Posez les semences dans la tranchée et refermez-la méticuleusement. Arrosez bien et veillez à ce que la terre ne dessèche pas les premiers jours. Chaque espèce se sème d'une façon légèrement différente et nécessite des **soins spécifiques**. Toutes ces informations sont généralement indiquées sur les sachets de graines.

Des légumes comme les carottes, les radis, les oignons de printemps ou encore les betteraves doivent être **éclaircis** après la germination afin que les plantes aient assez de place pour se développer. Pour cela, il suffit d'arracher lorsqu'ils sont encore tous jeunes, et qu'ils sont faciles à enlever, les plants qui sont serrés. Pour les carottes et les radis, vous pouvez le faire au fur et à mesure de vos récoltes.

Céleri
Bettes

avec de petits coins originaux remplis d'herbes aromatiques et de légumes rarissimes comme les kiwanos, les cucamelons ou encore les cucuzzis !

Quand on dispose d'un petit lopin de terre, il faut être **inventif** et **exploiter chaque espace**, même le plus petit. Pour vous aider, j'ai rassemblé quelques techniques efficaces que j'ai mises en place dans mon potager. Beaucoup de ces techniques sont utilisées en **permaculture** qui est une grande source d'inspiration pour moi ; vous trouverez des principes distillés tout le long du livre (associations de culture, biodiversité...).

*** Tout d'abord, diminuez la distance entre les plantations.** Dans mon potager, je plante plus serré qu'il est conseillé dans les livres traditionnels ou sur les paquets de graines. Cela permet d'ajouter environ 25 % de plantes en plus. Un autre avantage est qu'il n'y aura plus de place pour les mauvaises herbes. Il est bon pour la terre qu'elle ne soit pas à nue mais toujours couverte.

*** Faites des associations de cultures.** Combinez des plantes hautes avec des plus basses, grimpantes, etc. Les plantes vont chacune s'entraider ; il faut choisir des végétaux qui n'ont pas la même taille et dont les racines puisent à différentes profondeurs. De plus, elles ne prendront pas les mêmes nutriments dans le sol et certaines vont même servir de répulsives pour d'autres plantes. La tomate par exemple éloigne la mouche de la carotte. Il paraît même que les associations de cultures augmenteraient les qualités gustatives des légumes. Je crois que les raisons sont désormais suffisantes pour s'y mettre !

Quelques exemples connus et qui ont fait leurs preuves :

- **Des potirons, du maïs et des haricots.** Les plants de maïs grimperont en hauteur et feront office de tuteurs pour les haricots. Les potirons (ou courgettes) par contre, se développeront au sol. Cette association de culture était utilisée chez les Mayas en Amérique du Sud il y a des siècles !
- **Des tomates, du basilic et une vigne.** La vigne grimpera en hauteur, créera de l'ombre et dégagera de l'humidité ce qui stimulera la croissance des tomates. Le basilic gardera les insectes nuisibles à distance de la tomate grâce à sa forte odeur.

*** Lorsqu'il n'y a plus d'espace au sol, allez en chercher dans la hauteur !** Utilisez des bambous, tipis, branches de noisetiers et autres matériaux pour faire pousser des haricots, des pois, des tomates, des coloquintes, des potirons, des courgettes et autres plantes pouvant grimper à la **verticale**. Cela vous économisera beaucoup de place ! Faire pousser vos plantes à la verticale a encore d'autres avantages : vos plantes seront en meilleure santé (vous aurez une vue plus rapide sur d'éventuelles maladies), elles produiront plus grâce à une meilleure aération. Et même, plus besoin de vous baisser pour récolter ! Faire pousser les plantes à la verticale donne un aspect idyllique au potager.

*** Faites pousser des plantes sur la barrière** qui entoure votre potager : des pois de senteur, des courges, des potirons, des fleurs grimpantes, etc. Un de mes derniers essais consistait à faire pousser des tomates cerises sur ma grille en châtaigner. Le succès était au rendez-vous : j'ai pu remplir des paniers entiers. Une fois n'est pas coutume avec les tomates, laissez les gourmands (ces tiges que l'on coupe habituellement) et tissez-les dans la barrière afin de créer un mur de tomates cerises. Vos invités seront ravis de pouvoir les goûter à chaque passage !

Les tuteurs aident à faire pousser les plantes en hauteur.

Je laisse les capucines et les tomates grimper sur les barrières : c'est beau et plus productif !

Mes délicieuses salades en pots
à l'abri des limaces !

*** Si vous n'avez plus de carré de terre de disponible, créez-en !** Faites par exemple pousser des laitues en pots en terre cuite et accrochez-les à votre barrière. Cela a plusieurs avantages : vous gagnez de la place dans votre potager, les escargots et les limaces n'auront plus accès à ces délicieuses feuilles et vous aurez de belles laitues en seulement 3 semaines (si vous commencez par des petits plants). Faites cependant attention aux arrosages car les plantes en pot ont généralement besoin de plus d'eau.

Je cultive également des tomates, des aubergines et des piments dans des grands pots en terre cuite (Diamètre min. 30 cm pour les aubergines et les piments, min. 50 cm pour les tomates). Mettez du compost au fond des pots et recouvrez le tout de terreau.
Plantez les légumes et arrosez-les bien. Les pots en terre cuite chaufferont aux rayons du soleil et dégageront leur chaleur au fur et à mesure pendant la nuit. Ceci stimulera la croissance des plantes méditerranéennes.

Grâce à toutes ces idées, j'ai pu augmenter la surface de culture de 15 m² à presque 40 m² ! C'est pour cela que la créativité est extrêmement importante dans le potager. Elle me donne l'opportunité d'avoir une abondance de légumes, fleurs et herbes aromatiques sur un minuscule lopin de terre...

NOTE : Changez le terreau après chaque récolte. Vous allez voir que les racines auront formé une structure très dense qui ne permettra pas à d'autres jeunes plants de se développer. Mettez le terreau usé sur votre tas de compost afin de le récupérer après que la structure des racines se soit décomposée.

IL EST TEMPS DE SORTIR LES PLANTES

Une fois les Saints de Glace et dernières gelées passés, il faut tout planter au plus vite à l'extérieur pour avoir les récoltes le plus tôt possible.

CONSEIL Avant de commencer à planter, délimitez les parcelles de chaque espèce avec du sable blanc. Cela vous aidera à visualiser les emplacements et à rectifier sans problème.

Les premières semaines en extérieur seront intensives car les jeunes plantes sont fragiles et vulnérables. Vous devrez **redoubler d'attention**, faites au moins **une visite journalière** de votre potager pour voir comment elles se portent. Elles peuvent se faire dévorer par des escargots ou des limaces, qui raffolent des jeunes plants, être détruites par des oiseaux, cassées par de la grêle ou du vent...

Voici les problèmes les plus fréquents :

LES ESCARGOTS ET LES LIMACES

Ceci est probablement le plus grand cauchemar du jardinier. Même si ces petites bêtes semblent lentes et inoffensives, elles peuvent dévorer une énorme quantité de plantes en seulement quelques heures. On peut les apercevoir au printemps quand les plantes sont encore jeunes et leurs feuilles bien tendres, pendant et après la pluie, le soir mais également la nuit quand le taux d'humidité augmente. J'ai déjà testé plusieurs solutions mais elles ne sont pas toutes aussi efficaces et bonnes pour votre potager.

*** Le sable : Ma solution préférée** pour lutter contre ces petites bêtes. Dans ma région, j'achète du sable du Rhin qui contient des petits morceaux de coquillages pointus, très dérangeants pour les escargots et les limaces. Le sable doit contenir des morceaux de coquillages, ce sont eux qui chassent les bestioles. Mettez une bande de sable d'environ 5 cm de largeur et un bon centimètre de hauteur tout autour de vos plantes. Il tiendra non seulement les limaces et escargots loin de vos plants mais il allégera aussi votre sol et c'est une solution

PRINTEMPS

Des jeunes feuilles pleines de vitalité sont une proie facile pour nos petits ennemis gluants.

économique financièrement.
Que des avantages !

* **Les coquilles d'œufs :** Même principe qu'avec le sable de Rhin, les coquilles vont déranger les escargots et limaces et les empêcheront de passer. Cassez-les coquilles en petits morceaux d'environ cinq millimètres. Mettez-les ensuite tout autour de vos plantations. C'est une excellente alternative si vous mangez beaucoup d'œufs, mais personnellement je ne suis pas un grand fan alors il m'est difficile de me procurer des coquilles...
* **Une soucoupe de bière :** La bière ne gardera pas les limaces et escargots à distance, au contraire. Elle fera office d'appât et les attirera afin de les noyer dans un bain de bière. Veillez à ne pas mettre la soucoupe de bière trop près de vos plantes. En combinaison avec le sable cela peut être une excellente solution. Mieux vaut mettre en place plusieurs méthodes pour être le plus efficace possible.
* **Les granules biologiques :** Les granules biologiques sont efficaces, biodégradables et non-toxiques pour les autres insectes et animaux, mais ils sont onéreux.
* **Les enlever à la main :** Une dernière solution radicale est de les enlever à la main. Regardez sous les pots de fleurs, les déchets organiques comme des feuilles, etc. Les escargots et les limaces se cachent dans des endroits.
* **frais** et **humides**. Je vous conseille de ne rien laisser traîner car un tas de feuilles ou un pot fait un refuge idéal pour ces animaux. Mettez-les dans un récipient et allez les jeter bien loin de votre jardin.

À ÉVITER À TOUT PRIX

* **Le sel :** Vous l'avez peut-être déjà essayé : mettre du sel sur ces petites bêtes gluantes. Vous aurez alors sûrement constaté que c'était une méthode très efficace pour les exterminer, mais cette solution n'est pas du tout respectueuse de l'environnement. Le sel affectera la santé de votre sol, vos plantes et les insectes qui y vivent. Cela est donc à proscrire : gardez votre sel pour la cuisine...
* **Les granules non biologiques :** Encore un produit qu'il ne faut surtout pas utiliser. Ces granules sont extrêmement toxiques, non seulement pour les escargots et les limaces, mais également pour le reste de l'écosystème. Avez-vous envie de jardinier dans un environnement toxique ?

UNE TEMPÊTE OU DU VENT

Les plantes comme les tournesols, les tomates, les concombres et les aubergines, sont extrêmement fragiles. Mettez-leur des tuteurs afin d'éviter qu'elles ne cassent avec les bourrasques de vent.

Une petite plante de fenouil déterrée par une pie.

LES OISEAUX

Les grands oiseaux comme les corbeaux, les pigeons ou les pies adorent venir rendre visite au potager... Ils peuvent alors déterrer des jeunes plantes, casser des pots, manger des baies, etc. Étendez des filets au-dessus des plantations pour les protéger s'il y a trop d'oiseaux.

LA GRÊLE

Un phénomène naturel, mais impardonnable. En quelques minutes vous pouvez perdre toutes vos jeunes plantes. Protégez-les avec des cloches en verre ou des saladiers renversés en cas d'orages annoncés.

L'ÉCOSYSTÈME

Un des éléments majeurs dont il faut tenir compte dans son potager est l'écosystème. Qu'est-ce que c'est ?
Un écosystème est l'ensemble des **interactions entre les plantes, les insectes et autres organismes vivants.**
Si l'écosystème est en bonne santé, il s'autorégulera. S'il est perturbé, c'est à ce moment qu'arriveront les parasites et maladies. Il faut le respecter.
Ne pas utiliser de produits toxiques et respecter les insectes sont pour moi les deux premières choses à mettre en place pour avoir une bonne biodiversité dans votre jardin.
Les produits toxiques (désherbants chimiques, insecticides...) tuent les insectes, détruisent le sol et sont nocifs pour notre santé. Il est important de réaliser que dans la terre de votre potager vivent des **milliards de micro-organismes** et bestioles en tout genre (comme les vers de terre).
Avoir une bonne terre riche, c'est aussi avoir un sol vivant. Même si nous ne les voyons pas, ces micro-organismes travaillent pour nous, **prenez en soin.**
Les insectes ont un rôle essentiel au jardin puisqu'ils permettent aux plantes de se reproduire, grâce à la **pollinisation**, et donc de produire plus de fruits ou légumes (qui deviendront des graines).

L'HÔTEL À INSECTES 5 ÉTOILES

Les petites bêtes comme les abeilles, les coccinelles, les perce-oreilles et les chrysopes sont indispensables dans le potager. Elles jouent un rôle majeur dans la lutte contre les maladies. Choyons-les en construisant une habitation pour les accueillir au potager. Beaucoup de visiteurs sont en extase devant mon hôtel à insectes et me demandent où je l'ai acheté. Je leur réponds très fièrement que je suis l'architecte de cette accueillante demeure ! Il en existe de **différentes tailles, formes et matières**. Le plus grand que j'ai fabriqué jusqu'à présent mesure environ 1 mètre de haut et est rempli de bambous, brindilles, pommes de pin, etc.

Accueillant cet hôtel à insectes vous ne trouvez pas ?

Une abeille solitaire qui va se loger dans un des trous du bois.

*** Pourquoi ai-je fabriqué un hôtel à insectes ?**

Il y a quelques années, j'en avais acheté un, et rapidement après l'avoir installé, j'étais époustouflé par le nombre d'abeilles et d'insectes qui y venaient. J'observais ces petites bestioles qui (après avoir pondu leurs œufs) rebouchaient minutieusement les petits trous des bambous avec de la boue. Je trouvais cela incroyable de pouvoir **les observer** de si près ! J'ai pu comprendre comment elles construisaient leur habitat, comment les différentes espèces cohabitaient, quelles espèces de fleurs les attiraient...
J'ai aussi pu voir que les abeilles comptaient différentes espèces sauvages, et j'ai découvert des insectes que je n'avais jamais remarqué.
Un jour, j'ai déniché un tuto pour construire soi-même un hôtel à insectes et je me suis lancé ! Quelques semaines plus tard, un petit hôtel de 40 sur 30 cm accueillait fièrement ses premiers visiteurs. Finalement, en 2016, après avoir agrandi mon jardin, j'en ai construit un plus grand.
En voici le plan.

CONSTRUCTION D'UN HÔTEL À INSECTES

*** Structure**

Voici les matériaux dont vous avez besoin pour cette première étape :

- **Une grande plaque en bois** qui fera office de façade arrière.
  Dimensions 82 cm sur 95 cm et épaisseur minimale de 7 mm car elle devra porter le poids entier de l'hôtel (le mien pèse 14 kg).
- **Des planches en bois**
- **Des vis.** Je n'utilise pas de colle car celle-ci n'est souvent pas très écologique.

NOTE : Utilisez du bois bien sec afin d'éviter qu'il ne se fende.

CONSEIL Les insectes préfèrent le bois non traité d'arbres fruitiers, d'acacia et de chêne. Attention si vous utilisez du pin, car les insectes peuvent rester collés à cause de la résine ! Pour mon hôtel à insectes, j'ai utilisé des matériaux recyclés mais également du bois FSC certifié pour réduire l'empreinte écologique.

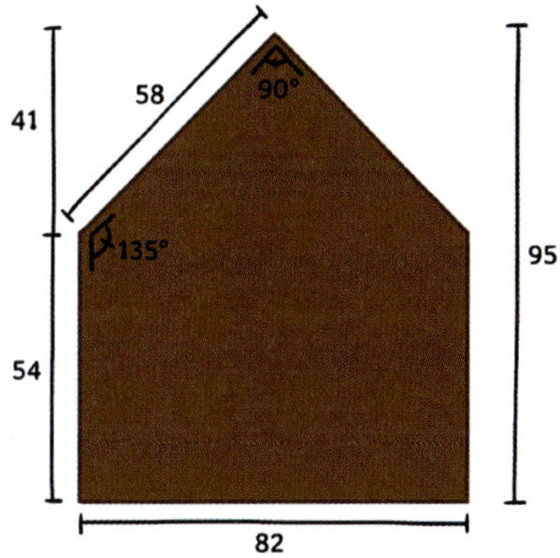

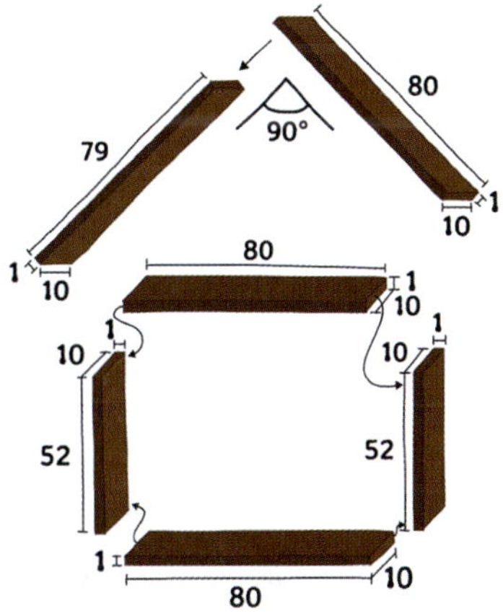

*** Construction**

- Sciez la plaque en bois afin d'obtenir le résultat illustré ci-dessous.
- Sciez les planches jusqu'à la longueur conseillée :
  - 3 x 80 cm
  - 1 x 79 cm
  - 2 x 52 cm
- Vissez-les ensemble comme sur l'illustration jointe.

NOTE : Utilisez des équerres d'angle afin de renforcer les coins. Accrochez la structure de base à la grande plaque en bois à l'aide de vis costaudes (elles devront supporter le poids de l'hôtel).

*** Les compartiments**

- Vous pouvez personnaliser votre hôtel en choisissant la taille des compartiments.
- Pour l'hôtel dans mon potager, j'ai préféré garder un design simple :
  - 2 planches de 48 cm
  - 1 planche de 35 cm
  - 1 planche de 24 cm

*** Le remplissage**

La partie la plus importante est le remplissage des compartiments. En effet, le type de matériel que vous allez utiliser influencera le type d'insectes que vous allez attirer.

	MATÉRIAUX	NOTE	INSECTES
1.	Rondelles de bois perforées	Les trous doivent être faits perpendiculairement à la surface du bois, avoir un diamètre de 3 à 5 mm et une profondeur d'environ 7 cm. Gardez un espace de minimum 1 à 2 cm entre les trous afin d'éviter que des fissures n'apparaissent au fil du temps.	Abeilles et guêpes solitaires
2.	Bambous	Veillez à ce que les bambous ne soient pas abîmés, que l'intérieur des bambous soit propre et que la profondeur (distance entre l'ouverture et le nœud/séparation dans le bambou) soit de minimum 7 cm. N'utilisez pas des bambous trop grands (diamètre > 1,5 cm).	Abeilles solitaires
3.	Compartiment couvert d'une plaque en bois avec des longs trous	Placez quelques brindilles dedans afin que les chenilles puissent former leurs cocons en toute sécurité pour se transformer en papillons.	Chenilles
4.	Compartiment couvert d'une plaque en bois avec des petits trous (diamètre 1 cm).	Remplissez le petit espace avec du foin ou de la paille afin que les insectes puissent se cacher et y passer l'hiver.	Coccinelles et perce-oreilles
5.	Petites bûches non perforées	Laissez un peu d'espace entre les bûches afin que les insectes puissent se faufiler entre.	Chrysopes et coccinelles
6.	Brindilles	Utilisez des brindilles fraîchement coupées, sinon vous risquez de salir le compartiment avec de la terre...	Perce-oreilles, araignées et chrysopes
7.	Branches perforées	Faites de petits trous de 2 à 3 mm pour les insectes plus petits.	Abeilles et guêpes solitaires
8.	Pommes de pin	Remplissez ce compartiment quand il fait humide et que les pommes de pin sont fermées. Sinon le volume diminuera fortement au fil du temps. Fermez cette partie avec du treillis ou des bambous.	Perce-oreilles

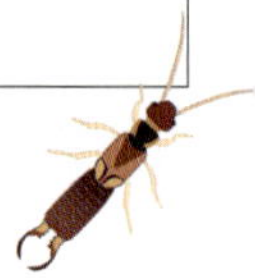

Il existe également d'autres matériaux pour remplir les compartiments : des briques perforées pour les abeilles solitaires et les abeilles maçonnes, des copeaux de bois et des écorces pour les coccinelles, les chrysopes et les perce-oreilles, de l'argile pour les abeilles maçonnes, des tiges à moelles pour les syrphes, etc.

CONSEIL Les abeilles et guêpes sauvages pondront un œuf par bambou, rempliront les réserves de nourriture et le fermeront avec de la terre. Une fois que la larve s'est transformée en abeille ou en guêpe solitaire, elle trouvera son chemin vers l'extérieur, laissant les déchets derrière elle. Les bambous ne seront pas utilisés par une autre abeille ou guêpe, il faudra alors les changer.

En ce qui concerne les matériaux de remplissage, **renouvelez-les tous les 2 à 3 ans** afin de garder l'hôtel propre pour les prochains visiteurs.
Ne peignez et ne vernissez pas les planches car ces produits sont hautement nocifs pour les insectes (même les peintures écologiques).

*** Où faut-il placer l'hôtel à insectes ?**

Pour obtenir le maximum de visiteurs, l'emplacement doit répondre à ces critères :
L'emplacement doit être **au soleil** afin de chauffer les lieux de reproductions des insectes.
L'hôtel doit être placé dans un **endroit sec**. Sinon vous risquez d'avoir des champignons et de la moisissure qui garderont les insectes à distance.
Veillez à ce qu'il y ait **des fleurs** à proximité afin de faciliter l'alimentation des insectes. (> PAGE 57)
Veillez également à ce que l'hôtel soit bien accroché et qu'il soit stable.

CONSEIL Cet été, je suis allé chez un apiculteur qui m'appris que déplacer la ruche ne serait-ce que de quelques centimètres perturbait les abeilles. Elles ont un GPS interne très précis qui leur permet de rentrer chez elles. Alors une fois l'hôtel installé, ne le changez pas de place.

* Autres designs

Pour vous donner quelques idées, voici d'autres designs d'hôtels à insectes.

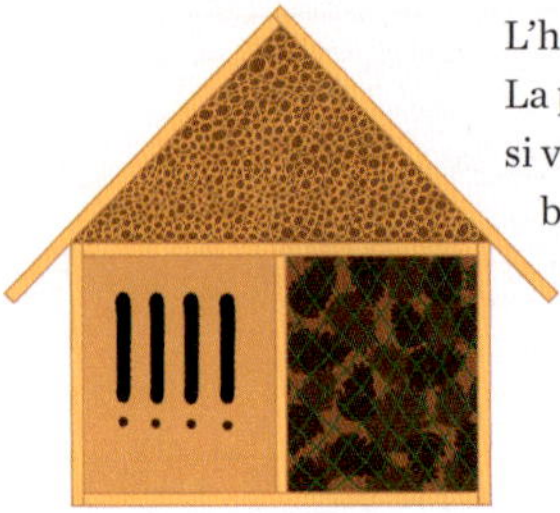

L'hôtel basique : La petite version si vous n'avez pas beaucoup de place.

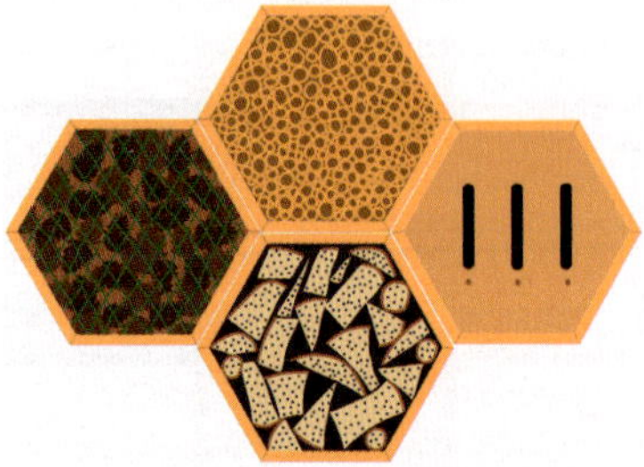

Les alvéoles d'abeilles : Sympa et pratique car vous pouvez en placer plusieurs l'une à côté de l'autre afin de recréer la forme d'une ruche.

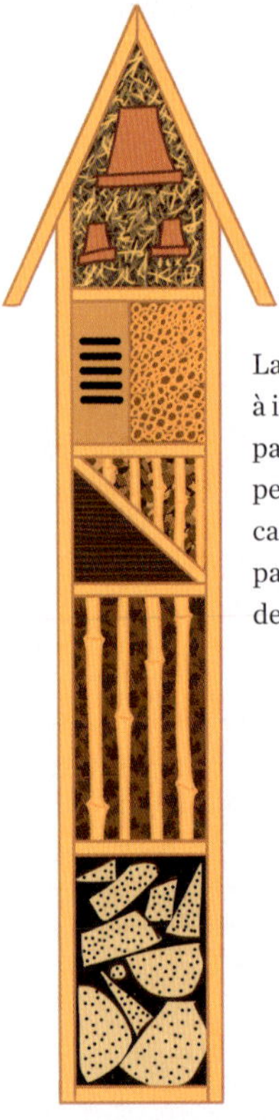

La tour à insectes : parfait pour les petits potagers car elle ne prend pas beaucoup de place au sol.

L'hôtel impérial : un hôtel pour les bricoleurs avertis mais un vrai paradis pour nos petits amis. Il peut abriter plusieurs sortes d'insectes grâce à sa grande diversité de matériaux.

*** Petit refuge**

Voici une façon alternative qui vous prendra à peine 5 minutes !
C'est facile, pas cher et vite fait.

Vous aurez besoin des éléments suivants :

- un pot en terre cuite, diamètre 10 cm. (Vous pouvez aussi utiliser des pots plus grands, mais ceux de 10 cm sont idéals.)
- une petite branche assez solide de 10 cm de longueur.
- de la paille
- une ficelle d'une longueur d'1 m environ.

❶ Attachez les deux embouts de la ficelle à la branche. Veillez à ce que ce soit bien accroché, sinon le pot risquera de tomber !

❷ Passez la ficelle à travers le trou.

❸ Remplissez le pot de paille. N'hésitez pas à en mettre une grande quantité ; la paille peut déborder du pot, ça n'est pas gênant.

❹ Tirez à la ficelle et coincez la branche dans l'ouverture du pot. Celle-ci évitera que la paille ne tombe.

❺ Le pot est prêt à être pendu !

PRINTEMPS

CONSEIL Placez le pot dans un endroit à grande densité végétale. Les petits insectes s'y sentiront plus à l'aise.

Ces fleurs ne demandent aucun entretien et pourtant, elles changent tout au potager ! Elles apportent biodiversité et beauté.

LES FLEURS SAUVAGES

Maintenant que vous avez construit un magnifique hôtel, le meilleur moyen d'**attirer les pollinisateurs** est de semer des fleurs. Celles-ci contiennent du nectar qui est leur nourriture. Pendant la pollinisation, les insectes volent de fleur en fleur, tout en apportant du pollen – produit par les fleurs mâles – vers les fleurs femelles. Voilà, la conservation de l'espèce est assurée ! La plante va ensuite donner naissance à un fruit qui contiendra ses semences pour l'an prochain.

Graines et fleur de cosmos.

CONSEIL Coupez les fleurs fanées afin que la plante produise des fleurs tout l'été. Mais vers la fin août, laissez-les pour que des graines puissent se former.

Le plus simple selon moi est de **semer** des fleurs comme des mélanges de différentes espèces. Semer est plus rapide est moins cher que d'acheter des fleurs en jardinerie.
On peut en trouver partout dans mon potager ! Sur la **parcelle des fleurs sauvages** on trouve des coquelicots, des bleuets, des lavatères, des renoncules des champs, des cosmos, des pois de senteur, des marguerites, des zinnias, des pavots, des pavots de Californie, des tournesols, des échinacées, des asters, du sarrasin, de la phacélie, des scabieuses, de la vipérine vulgaire, du lin rouge, de la nielle, de l'anacycle radié, de la cardamine des prés, des nigelles de Damas...
Entre les fleurs sauvages on peut également trouver des **fleurs comestibles** comme de la bourrache, des soucis (*calendula*) et des capucines.
Elles égayeront vos salades !

Derrière, dans le potager, se trouve un petit coin d'**herbes aromatiques** où l'on peut trouver du thym, du romarin, de la sauge, de l'hysope et de la lavande qui fleurissent au printemps. À la fin de l'été, la camomille, la coriandre, l'aneth et l'agastache prennent la relève.
J'ai aussi planté quelques fleurs entre les légumes comme des dahlias. J'adore les fleurs de fenouil et des cucurbitacées.

CONSEIL À vous les bouquets champêtres gratuits et les fleurs pour décorer vos tables !

Le Potager d'Arthur

EN ÉTÉ

CHOYEZ VOTRE TERRE !

La terre est l'or du potager : elle nous offre après tout de délicieuses récoltes ! En contrepartie, il faut bien la soigner afin d'obtenir un rendement maximal.

L'HUMUS, UNE COUCHE INDISPENSABLE

Dans le sol se trouve une couche appelée « humus » qui rend notre terre si fertile. L'humus est composé de matières organiques et contient beaucoup de **nutriments** pour nos plantes. Sans cette couche foncée, on aurait un rendement plus faible.
La couche d'humus se développe mieux dans une terre humide.
Cela signifie qu'en été il faudra veiller à ce qu'elle ne se dessèche pas pour ne pas perdre de nutriments.

Ma terre s'est déjà enrichie depuis que j'ai commencé mon potager. On reconnaît une terre riche à une terre foncée et meuble.

LE MULCH OU PAILLAGE : AVANTAGES ET INCONVÉNIENTS

Une première façon de protéger l'humus est de le recouvrir avec une couche de matière organique comme des feuilles, de la paille ou encore des écorces. Cela s'appelle *mulcher*.
Cette couche garde la terre humide, la protège et diminue l'évaporation et donc l'arrosage des plantes. Elle empêchera également que des semences de mauvaises herbes ne puissent y germer.
Un autre avantage est que cette couche protège le sol du gel, ce qui signifie que vous pourrez cultiver des légumes plus longtemps.
Malgré tout, le mulch ou paillage a aussi des inconvénients importants à prendre en compte. J'ai pratiqué le paillage pendant une année mais j'ai ensuite décidé d'arrêter à cause de deux désavantages décisifs. La couche de matières organiques crée un endroit humide qui est idéal pour y héberger

quelques familles d'escargots et de limaces...
Ils ont fini par envahir mon jardin. Une deuxième raison est que je le trouve trop chaotique. La terre ne parvient plus à respirer. Alphonse m'a toujours appris que gratter le sol autour des plantes vaut de l'or et je dois lui donner entièrement raison. J'ai remarqué une réelle différence depuis que je pratique ce bon conseil. Gratter la terre régulièrement autour des plantations aère la fine couche supérieure du sol (selon l'adage jardinier bien connu : "Un binage vaut deux arrosages !"). Ceci protégera les couches inférieures du dessèchement et évitera que des semences de mauvaises herbes ne puissent germer. Quand il pleut, l'eau peut pénétrer dans la terre plus facilement et plus profondément.

CONTRÔLER LES MAUVAISES HERBES

Au début de l'été, les plantes poussent extrêmement vite et les mauvaises herbes aussi. En tant que débutant, on peut facilement se laisser envahir par ces plantes indésirables.
Voici mes conseils pour garder de l'ordre dans votre potager.

* **Grattez la terre autour de vos plantes à l'aide de la griffe.** Cela évite que des graines ne puissent y germer.

* **Consacrez 5 minutes de votre inspection journalière du potager aux mauvaises herbes.** Enlevez-les à la main ou à la binette. Un peu de travail chaque jour fera une énorme différence, croyez-moi !

* **Plantez des fleurs ou des herbes aromatiques dans les endroits où la terre est à nue.** Cela fera moins de place pour les plantes indésirables.

* **Recouvrez le chemin, l'endroit où l'on trouve souvent le plus de mauvaises herbes, avec des copeaux de bois ou du mulch** par exemple.
Cela limitera leur pousse et les rendra plus facile à enlever.

LE JUSTE ÉQUILIBRE DE L'ARROSAGE

Les hautes températures en été seront certainement accompagnées de fortes sécheresses. Si les plantes ne reçoivent pas assez d'eau, certaines d'entre elles pourront être victimes de **stress hydrique**. Cela aura différentes conséquences comme la pourriture des légumes-fruits, le jaunissement des feuilles, la montée en semences précoce...

Pour éviter que vos plantes souffrent d'un **manque d'eau**, voici quelques conseils :

* **Arrosez vos plantes le soir** afin d'empêcher un maximum l'évaporation de l'eau. Les plantes auront alors toute la nuit pour l'absorber. Si vous n'avez pas le temps le soir, arrosez vos plantes tôt le matin.

* **Apportez de l'eau aux pieds des plantes**. Certaines plantes comme les tomates, les courges, les aubergines et les piments détestent avoir les feuilles mouillées. Cela les rend plus vulnérables aux maladies. Aux pieds des plantes plus faibles, je place des pots en terre cuite dans le sol afin de faciliter l'arrosage.

* **Plus votre jardin est dense, plus il y aura de l'ombre** ce qui créera une certaine fraicheur. Ceci ralentira le processus d'évaporation.

CONSEIL N'oubliez pas nos amis les insectes et les oiseaux ! Eux aussi ont soif. Placez des petites coupelles d'eau avec des brindilles ou des billes, à divers endroits de votre jardin, de façon à ce que les pollinisateurs ne se noient pas lorsqu'ils s'abreuvent.

* **Grattez ou binez le sol** autour des plantations pour créer une couche protectrice contre l'évaporation. Grâce à cette aération du sol, l'eau pourra plus facilement atteindre les racines.

* Alphonse m'a appris une technique excellente. Elle consiste à... **ne pas donner d'eau aux plantes** ! Cette technique a l'air contradictoire, mais marche à merveille. En n'arrosant vos plantes que lorsqu'elles en ont absolument besoin, vous les habituerez à pousser avec de petites quantités d'eau. Leurs racines pousseront plus loin pour aller chercher l'eau dans des couches profondes de la terre. Cette méthode ne fonctionne cependant pas avec les légumes-fruits qui contiennent beaucoup d'eau, comme les tomates, les concombres, les courgettes, les potirons, etc.

CONSEIL Pour éviter une facture d'eau élevée et limiter votre impact écologique, récupérez l'eau de pluie. Elle n'est pas traitée contrairement à l'eau potable et est donc meilleure pour nos plantes, on dit même qu'elle contient plus de minéraux.

* **Placez des oyas aux pieds de vos plantes !** Les oyas sont des réservoirs d'eau en terre cuite. On peut les acheter tout faits mais ils sont plutôt onéreux. Je préfère les fabriquer moi-même.

ÉTÉ

Pour fabriquer un oya d'environ 2,5 litres, vous aurez besoin des éléments suivants :

- 1 pot en terre cuite, diamètre 15 cm
- 1 pot en terre cuite, diamètre 17 cm
- 1 bouchon à vin
- De l'argile à poterie

LA MAGIE DES OYAS

La technique des oyas est utilisée depuis plusieurs siècles : on en a retrouvé datant de l'empire Romain. Ces réservoirs d'eau en terre cuite diffusent l'eau qu'ils contiennent petit à petit grâce à leur texture poreuse.

COMMENT FABRIQUER UN OYA ?

❶ Bouchez le trou au fond du pot de 17 cm avec le bouchon à vin. Remplissez le pot d'un peu d'eau afin de vérifier qu'il n'y a pas de fuite.

❷ Placez le pot de 15 cm sur celui de 17 cm.

❸ Fermez l'espace entre les deux pots avec une bonne couche d'argile. Mouillez vos mains pour faciliter la tâche.

❹ Placez tout de suite l'oya en terre, en laissant ressortir le pot du dessus de quelques centimètres. Si vous tardez trop à l'enterrer, l'argile séchera et formera des fissures.

❺ Remplissez l'oya d'eau.

Cet oya peut contenir environ 2,5 litres. Pendant une canicule (+30 °C) vous aurez une autonomie d'environ 3 jours. Si les températures varient autour des 25 °C, vous aurez une autonomie pouvant atteindre 5 à 7 jours. Un oya de cette taille irriguera plus ou moins 1 m^2. Il vous économisera pas mal d'eau et d'arrosages. En plus, il évitera le stress hydrique !

NOTE : N'oubliez pas de ressortir les oyas de terre en automne afin d'éviter que le gèle ne les abîme.

MALADIES ET RAVAGEURS

Depuis que je jardine, mes plantes ont plusieurs fois eu des **maladies courantes**. Souvent l'écosystème a pu rectifier les problèmes, mais parfois j'ai dû moi-même intervenir avec des solutions écologiques et biologiques. Avant de réagir, il faut déterminer s'il s'agit d'une maladie ou d'une **faute de jardinage**. Une maladie est un problème causé par des bactéries, des champignons, des moisissures ou encore des insectes (ou des ravageurs). Les maladies dues aux insectes peuvent généralement être résolues grâce à des recettes biologiques et respectueuses de l'environnement. Voici **les problèmes les plus fréquents** que j'ai pu rencontrer.

LES MALADIES

* L'**oïdium** et le **mildiou** sont deux maladies très ressemblantes.
Ce sont des moisissures qui se posent sur les feuilles des cucurbitacées (courgettes, potirons, concombres, cornichons, etc.), des tomates, des pommes de terre ou des vignes...
On peut facilement les reconnaître grâce à leurs **petites taches blanches** ❶ sur les feuilles qui apparaissent généralement vers la mi-août voir début septembre. Ce sont des maladies difficiles à éviter et à éradiquer car les moisissures se forment par temps trop humide ou trop sec.
Pulvérisez préventivement une mixture de 3 c. à s. de poudre de soufre par litre d'eau sur et en dessous des feuilles environ toutes les semaines.
Une fois que la maladie s'est installée, on peut aussi asperger une mixture de lait et d'eau (proportions 1/10).
Le lait ralentira l'oïdium, vous pouvez utiliser le lait demi-écrémé (bio) de votre supermarché.

* De la **moisissure** ❷ peut apparaître sur les légumes/fruits qui contiennent beaucoup d'eau comme les tomates et les courgettes. Elle peut apparaître quand le fruit a été abîmé et que l'endroit où le fruit se trouve est plutôt humide. Pour éviter cela, enlever les parties abîmées ainsi que quelques feuilles tout autour afin de créer une bonne aération de la plante.

* J'ai également eu de la **rouille** sur mes céleris. Enlevez les feuilles est les tiges contaminées. Si la rouille réapparaît, jetez la plante entière (pas sur le tas de compost).

CONSEIL ATTENTION AU COMPOST

Ne jetez pas les plantes contaminées, les tomates et les cucurbitacées sur votre tas de compost. Celles-ci sont souvent porteuses de maladies. Sinon, vous risquez de contaminer le potager entier en répandant le compost sur les lits de culture. Pour éviter le plus possible de maladies, appliquez la rotation des cultures. > page 19.

ÉTÉ

LES PESTES OU PARASITES

* Une invasion de **pucerons** ❶ est probablement le problème le plus fréquent au potager. Ces petites bêtes se regroupent et sucent la sève de plante. On peut alors apercevoir des feuilles jaunes mais également des malformations aux jeunes pousses. Les pucerons sont la nourriture principale d'autres insectes comme les larves de coccinelles et les perce-oreilles. Afin de garder les invasions de pucerons sous contrôle, placez des hôtels à insectes ou encore des pots en terre cuite remplis de paille (> PAGE 55). On peut aussi les combattre en pulvérisant un mélange de 4 cuillères à soupe de savon noir dans 1 litre d'eau sur les feuilles touchées.

LE SAVIEZ-VOUS ?

Les pucerons exsudent une substance collante et sucrée (miellat) que les fourmis adorent. En contrepartie, celles-ci protègent les populations de pucerons contre leurs ennemis naturels tels que les coccinelles, les perce-oreilles, les larves de syrphes, les chrysopes...

* Dans le potager, vous aurez sûrement déjà vu des **papillons blancs** ❷ : des piérides de la rave. Ces papillons pondent leurs **œufs** ❸ sous les feuilles, souvent celles des capucines

et des choux. Les papillons ne sont pas dangereux, leurs **chenilles** ❹ par contre peuvent s'avérer dévastatrices pour certaines cultures. J'évite de les tuer et préfère les déplacer sur les capucines qui sont plus résistantes à une invasion.

* Vos choux sont flétris ? Ce sera certainement la **mouche du chou** ❺ qui aura pondu ses œufs aux pieds des plantes. Les larves mangeront ensuite le bas des tiges et les racines, ne laissant aucune chance de survie aux plantes. Le seul remède est de placer préventivement des collerettes à la base des choux afin que la mouche ne puisse plus y pondre ses œufs.

* Parfois on peut apercevoir des petits couloirs blancs ou bruns dans les feuilles de choux, de capucines ou de bourraches. Ce sont les **mouches mineuses**. Enlevez les feuilles affectées.

* Les **mouches blanches** ❻, autrement appelées **aleurodes**, sucent la sève des plantes comme les tomates, les concombres et les aubergines. Elles se trouvent généralement dans des endroits mal aérés comme des serres. Placez des plaquettes jaunes collantes biologiques afin de

ÉTÉ

les attirer, elles ne pourront plus s'échapper. La couleur jaune n'est pas choisie au hasard car elle sert d'appât. Les mouches blanches se précipiteront sur elles.

* Je lutte depuis plusieurs années contre les **cicadelles** ❼. Ce sont de petits insectes aux couleurs très frappantes (orange et verte). Elles sucent la sève des feuilles, laissant des cicatrices qui ressemblent à des petits points très clairs ❽. Pour les combattre, je place des feuilles jaunes avec de la colle biologique entre les plantes concernées. Le jaune attirera les insectes nuisibles et la colle fera en sorte qu'ils ne puissent plus s'échapper. Le nid de la cicadelle est formé par de la bave mousseuse afin de protéger la larve d'éventuels prédateurs ❾.

* Les **chrysomèles américaines**, une sous-famille des coléoptères, touchent le romarin et la lavande et peuvent tuer vos plantes en quelques jours. Inspectez vos plants régulièrement et cueillez les insectes à la main si vous en voyez.

ET SI C'ÉTAIT DE VOTRE FAUTE ?

* Ces **taches brunes** ❶ sur les feuilles des plantes sont signe de brûlures. Elles se forment à cause d'une combinaison de gouttes d'eau résiduelles et de rayons du soleil. Évitez d'arroser en pleine journée et de mouiller la plante. Donnez de l'eau à la base ou dans des oyas. (> PAGE 70)

* **Vos légumes ont une drôle de forme ❷ ou de couleur ?** Ils auront probablement été mal pollinisés. Ceci n'affecte que la forme, mais pas le goût. Ce phénomène se produit quand une fleur femelle a été pollinisée avec du pollen d'une plante d'une autre variété.

* Un **manque d'eau** peut faire jaunir les feuilles et pourrir les fruits des plantes. Quelques exemples sont la nécrose apicale des tomates ❸ et la pourriture de jeunes potirons ❹, courgettes et concombres. Dans ce cas, arrosez.

Un **excès d'eau** peut aussi poser problème. Des plantes comme le romarin, le thym et le basilic commenceront à jaunir, les tomates éclateront et les racines d'autres plantes risquent de pourrir.

❶

❷

❸

❹

LA CAPUCINE, UNE FLEUR FABULEUSE !

Cette plante mérite un peu plus d'attention. Elle a **tellement d'avantages** que je la considère comme indispensable dans mon potager. Les capucines ont des qualités sur le plan de la santé, gustatif, de l'écosystème et botanique. Le rôle le plus important de la capucine au potager est d'**attirer les pucerons**. S'il y a des capucines à proximité, les pucerons vont les préférer aux autres plantes et les laisseront donc intactes. Même si elles se font envahir par plusieurs populations de pucerons et de chenilles, elles ont une grande résistance et survivront !
La capucine s'adapte à tout type de sol et d'espace. On en distingue deux sortes : les *Tropaeolum major*, les **capucines grimpantes** pouvant atteindre une hauteur de 8 m, et les *Tropaeolum minor*, les **capucines naines** pour des espaces plus petits. À vous de choisir ce qui correspond le mieux à votre jardin.

Avec leur élégance, leurs innombrables fleurs d'un orange vif, et la vitesse à laquelle elles poussent ; elles peuvent recouvrir des coins délaissés et inesthétiques en un temps record. Cela évite notamment que des mauvaises herbes ne s'y installent ! Vous n'aurez besoin de les planter qu'une seule fois car elles se ressèment d'elles-mêmes une année sur l'autre ! Les fleurs apparaissent début juin pour embellir votre potager jusqu'aux premières gelées. On peut les trouver en diverses **couleurs** allant du rouge foncé au jaune en passant par l'orange et la couleur crème.

La capucine s'utilise même **en cuisine**. La plante entière est **comestible** : les fleurs, les feuilles et les graines vertes ! Leur goût est assez prononcé alors on peut mélanger les feuilles à une salade pour lui donner une touche originale et la garnir avec des fleurs. Les graines peuvent être transformées en câpres de capucines. (RECETTE > PAGE 124)
La capucine a aussi des bienfaits pour notre santé. Ella a des effets **antibactériens et anti-inflammatoires**, mais attention, mangez-en avec modération !

EN AUTOMNE

Le
Potager
d'Arthur

LA NOUVELLE GÉNÉRATION

En plus des dernières cueillettes de légumes, je **récolte les semences** dont j'aurai besoin l'année prochaine. Chaque année, les plantes s'habituent un peu plus aux conditions climatiques locales, au sol de votre potager, à l'emplacement, à l'ensoleillement et à différents autres facteurs. Donc plus vous récoltez vos propres semences, plus celles-ci seront adaptées à votre jardin. Vous devez choisir de **laisser monter en graines** les plus beaux plants, ceux qui sont les plus vigoureux car ce sont eux qui donneront les meilleures graines. Si vous prenez les graines de la salade rabougrie et maladive, vous semences seront de médiocre qualité.

Reconnaître les graines, savoir les récolter et surtout quand le faire n'est pas évident. Voici **quelques conseils** :

Pour les **choux**, les **légumes-feuilles** et les **légumes-racines**, laissez monter une plante en semences. C'est-à-dire, laissez-lui vivre son cycle. Laissez-la donc telle quelle sans empêcher sa floraison. Lorsque les fleurs commencent à faner, placez un sachet autour des fleurs. Celles-ci produiront les graines. Et le sachet facilitera simplement la récolte.

Graines de haricot

AUTOMNE

Graines de courges

Graines de tomates

En ce qui concerne les **plantes fruitières** comme les tomates, les piments, les concombres ou encore les potirons, laissez mûrir le fruit. Une fois qu'il est bien mûr, laissez-le encore quelques jours sur la plante de façon à ce que les graines se soient entièrement développées. Coupez le fruit puis récoltez les graines, rincez les semences à l'eau et laissez-les sécher durant quelques jours sur du papier buvard.

CONSEIL SÉPARER LES BONNES ET MAUVAISES GRAINES

Placez les graines dans un verre d'eau et laissez-les pendant une journée. Ensuite, enlevez les graines et autres crasses à la surface : ce seront les mauvaises graines, celles qui ne germeront pas.
Les graines qui se trouvent au fond du verre sont de bonne qualité.

Laissez les haricots, les lentilles et les petits pois sur la plante jusqu'à ce qu'ils deviennent bruns. Ouvrez-les ensuite et récoltez les graines.

Pour la **conservation des graines**, mettez-les dans des sachets en papier. Ceux-ci autoréguleront le taux d'humidité et éviteront la formation d'éventuelles moisissures. Elles sont l'ennemi numéro 1 des graines.
Si vous les placez dans des sachets en plastique, elles vont finir par pourrir. Conservez les sachets dans un endroit frais aux alentours des 18 °C.

LES DERNIÈRES CULTURES

En automne, on sème les **derniers légumes de l'année** : les épinards, la mâche, les radis d'hiver, les navets d'hiver, etc. On plante également quelques rangées de gousses d'ail pour en avoir jusqu'au printemps. Celui-ci à un bulbe plus développé que celui d'été grâce aux deux périodes de croissance (en automne et au printemps). En automne, on récolte les nombreuses courges, les potirons, les coloquintes, etc. Vous verrez, ils sont très productifs et donneront beaucoup. Ils sont très décoratifs et se conservent longtemps. Vous aurez de la soupe tout l'hiver !

LE GRAND NETTOYAGE

Avant que l'hiver n'arrive définitivement, je nettoie la plupart des lits de culture. Une exception : celui des fleurs sauvages. Celui-ci contient de nombreuses graines qui feront office de **nourriture pour les oiseaux en hiver**. J'élimine les plantes fanées et mets la plupart sur le tas de compost hormis les plantes malades (souvenez-vous, elles risquent de contaminer tout votre jardin), les plants de tomates et ceux des cucurbitacées sont souvent porteuses de maladies comme le mildiou. Brûlez-les afin d'exterminer les maladies et moisissures.

CONSEIL Pour aider les oiseaux à se nourrir en hiver, laissez les tournesols fanés et piquez des bâtonnets en bois dans les têtes pour qu'ils puissent se poser aisément.

NOTE : N'oubliez pas de ressortir les oyas de terre en automne afin d'éviter que le gèle ne les abîme. Stockez-les à l'intérieur.

NOURRIR LA TERRE

C'est en novembre que je répands du **compost** sur les lits de culture de façon à ce que la terre puisse absorber les substances nutritives pour l'an prochain. Je le mélange à l'aide d'une griffe et d'un râteau-étrier. Tous les deux ans, je retourne la terre avec une bêche. Retourner la terre trop souvent peut abîmer la couche d'humus ce qui causera une perte de nutriments.

EN HIVER

Contrairement à ce que l'on pourrait penser, l'hiver est une saison importante pour le potager. Elle permet de préparer la terre, de faire le point sur les graines, de repenser le plan de son potager et les améliorations à apporter, de contrôler et nettoyer ses outils de jardinage... C'est donc la saison de la **réflexion et de l'organisation** !

En hiver, le potager est recouvert d'un gros manteau blanc, de neige, de givre... On y récolte les choux, les navets d'hiver ou encore les épinards. Il est même possible de cultiver un jardin l'hiver, mais personnellement je préfère laisser le sol se reposer. J'ai moins envie d'aller m'occuper de mon jardin lorsqu'il fait froid et pluvieux.

NOTE : Le saviez-vous ? Les choux ont meilleur goût après les premières gelées !

Pendant les journées d'hiver, je consacre mon temps à la création d'un nouveau **plan du potager**. Je m'instruis de **livres** et de **forums sur internet** et crée la **liste de semences** pour la saison prochaine. Je trie également mes propres semences en automne et en achète des nouvelles si nécessaire.

LES TRÉSORS
DU POTAGER

LE CALENDRIER DES CULTURES

Comme je ne dispose que de 15 mètres carrés, je ne peux pas me permettre de cultiver de grandes quantités des mêmes légumes. Il faut faire des choix. Sur ce petit espace j'essaie d'avoir une **diversité** de légumes, d'herbes et de fleurs.

J'ai **4 périodes de semis**, chacune adaptée aux soins spécifiques des espèces.

* En **février** voire **début mars**, je sème les espèces qui demandent le plus de chaleur et qui ont une croissance très lente. C'est alors que je sème à l'intérieur, car la germination de ces végétaux nécessite des températures entre 20 et 25 °C. Je sème les légumes méditerranéens : piments, poivrons, aubergines et tomates.

* Ce n'est que quelques mois plus tard, en **avril**, que je sème les autres plantes en pot à l'intérieur. Les températures doivent alors varier entre les 18 et 23 °C. Je sème différents types de plantes :
- **Les légumes :** les choux (toutes sortes de variétés), les concombres, les cornichons, les courgettes, les potirons et les autres courges. Dans des blocs de terre, je sème les betteraves, les bettes, les céleris (toutes variétés), les fenouils et les laitues. Ceci facilitera l'espacement durant la plantation dehors.
- **Les herbes :** différentes variétés de basilic. Concernant les autres herbes, je préfère les semer directement en pleine terre pour obtenir des plantes plus vigoureuses ou les acheter en plants car les semis sont trop difficiles (comme le romarin et le thym).
- **Les fleurs :** les capucines, les cosmos, les soucis, les tournesols et les échinacées. Généralement, j'en sème également en pleine terre quelques semaines plus tard, mais les semis à l'intérieur auront l'avantage d'avoir une longueur d'avance sur les autres plantes, donc une floraison plus précoce.

* **Après les Saints de Glace** (vers la **mi-mai**), on peut directement semer les choses en pleine terre. C'est alors que je sème :
- **Les légumes :** les betteraves, les bettes, les carottes, les haricots, le maïs sucré, les oignons et les échalotes (bulbes), les petits pois, la laitue à couper et les radis.
- **Les herbes :** le basilic, la coriandre, le persil, l'aneth, la camomille, la mélisse, l'hysope et la sarriette.
- **Les fleurs :** les capucines, les cosmos, les soucis, les zinnias, les tournesols, les coquelicots et les pavots, les fleurs sauvages...

J'achète des plants comme la ciboulette, la citronnelle, le curry, l'estragon, l'hysope, la mélisse, la menthe, l'origan, le persil, le romarin, la sarriette, la sauge, le thym et la verveine. Ce sont presque toutes des plantes vivaces ce qui signifie que vous ne devrez plus en racheter les prochaines années. Toutes les 3 semaines, je sème de la laitue dans des blocs de terreau, afin de pouvoir en consommer tout l'été.

* Vers la **fin août**, parfois même en **septembre** si la météo le permet encore, je prépare les derniers semis en pleine terre : les navets d'hiver, les épinards, la mâche, les radis d'hiver, les gousses d'ail (ail d'hiver) et les petits pois.

FICHES DE CULTURE

Ma première récolte est un très bon souvenir !
J'étais fier comme un paon... Cultiver sa propre nourriture apporte une satisfaction personnelle mais surtout un goût incomparable dans votre assiette.
Voici les fiches de culture de mes légumes principaux.
Si vous le souhaitez, vous pouvez en télécharger des vierges sur mon site internet afin d'en faire vous-même et d'y intégrer vos propres remarques !

AIL

Il existe deux sortes d'ail : l'ail d'été et l'ail d'hiver. Les gousses qu'on plante en automne et qu'on récolte en été, s'appellent l'ail d'hiver. Elles ont deux phases de croissance ce qui rend les bulbes plus grands. L'ail d'été n'a qu'une phase de croissance et sera donc plus petit. L'ail se récolte quand le feuillage brunit. Réservez un espace pour l'ail et insérez-le dans le plan du potager de l'année prochaine car il y restera tout l'été !

FAMILLE : Légumes-racines

SEMIS : Distance de plantation : 15 cm x 25 cm

PROFONDEUR DE PLANTATION : 3 cm au printemps, 10 cm en automne (protection contre le gel)

PLANTE : ↕ 30-40 cm / ↔ 15 cm

SPÉCIFICITÉS : Veillez à ce que l'ail ne se fasse pas envahir par les mauvaises herbes.

	JANV.	FÉV.	MARS	AVRIL	MAI	JUIN	JUIL.	AOÛT	SEPT.	OCT.	NOV.	DEC.
PLANTER			■						■	■		
RÉCOLTER					■	■	■	■				

AUBERGINE

Les aubergines sont des plantes méditerranéennes avec une croissance lente. Semez-les en février sous abri. On peut les trouver de différentes tailles et couleurs. Les aubergines se récoltent quand elles sont un peu tendres.

FAMILLE : Légumes-fruits

VARIÉTÉS : Casper, Blue King, Lao Lavender

SEMIS : Distance de plantation : 40 cm x 40 cm

TEMPS DE GERMINATION : 10 à 15 jours

PLANTE : ↕ 30-50 cm / ↔ 30 cm

ANNUELLE

SPÉCIFICITÉS : Elle peut se cultiver en serre ou en pot. Donnez de l'engrais ou du compost toutes les 3 semaines. Cette plante annuelle n'est pas résistante au gel.

	JANV.	FÉV.	MARS	AVRIL	MAI	JUIN	JUIL.	AOÛT	SEPT.	OCT.	NOV.	DEC.
SEMER		■	■									
PLANTER				■	■							
RÉCOLTER							■	■	■	■		

BETTERAVE

Les betteraves sont extrêmement faciles à cultiver. On peut les semer directement en pleine terre mais je préfère les semer dans les blocs de terreaux avec le presse-mottes. Ceci facilite la plantation espacée lors de la mise en terre. Quand les betteraves grandissent, elles vont légèrement sortir de terre. Récoltez-les quand elles ont une taille acceptable.

FAMILLE : Légumes-racines

VARIÉTÉS : Betterave potagère (rouge), Chioggia

SEMIS : Distance de plantation : 10 cm x 15 cm

TEMPS DE GERMINATION : 5 à 15 jours

PLANTE : ↕ 20-30 cm / ↔ 15 cm

ANNUELLE

SPÉCIFICITÉS : Ces plantes ont un goût terreux mais sont extrêmement bonnes pour la santé. Elles n'ont pas besoin de beaucoup d'engrais. Il faut éviter que les plants ne se fassent envahir par les mauvaises herbes. Enlevez-les à la main afin de ne pas abîmer les tubercules. Avant la consommation de vos betteraves, cuisez-les pendant 30 à 40 minutes à la vapeur afin de les attendrir.

	JANV.	FÉV.	MARS	AVRIL	MAI	JUIN	JUIL.	AOÛT	SEPT.	OCT.	NOV.	DEC.
SEMER				■	■	■						
PLANTER				■	■	■	■					
RÉCOLTER						■	■	■	■	■		

BETTE

Les bettes (ou blettes ou poirées) sont des betteraves sans tubercules, et poussent facilement dans le potager. Elles ont (comme les betteraves) un goût assez terreux. Lors de la récolte, coupez les tiges extérieures sans endommager le cœur comme ça, la plante va continuer de pousser et vous pourrez en récolter tout l'été !

FAMILLE : Légumes-racines

VARIÉTÉS : Bright lights

SEMIS : Distance de plantation : 20 cm x 30 cm

TEMPS DE GERMINATION : 5 à 15 jours

PLANTE : ↕ 30-40 cm / ↔ 20-30 cm

BISANNUELLE

SPÉCIFICITÉS : Grattez régulièrement la terre autour des plantations afin de stimuler la croissance. J'opte pour les bettes multicolores car elles apportent une touche de couleur dans le potager.

	JANV.	FÉV.	MARS	AVRIL	MAI	JUIN	JUIL.	AOÛT	SEPT.	OCT.	NOV.	DEC.
SEMER				■	■	■	■	■				
PLANTER				◨	■	■	■	■	◧			
RÉCOLTER	■	■	■	■	■	■	■	■	■	■	■	■

CAROTTE

Les carottes adorent le sol sableux, ce qui n'est pas du tout le cas dans mon potager car j'ai un sol argileux. À cause de cela, je n'ai jamais réussi à en cultiver de très belles. Alphonse, par contre, après avoir amélioré sa terre pendant plusieurs décennies, avait de magnifiques carottes. Sortez une carotte arbitrairement de terre pour voir si elles sont arrivées à maturité. Les carottes ne doivent pas mûrir et sont donc déjà comestibles dès la formation de la racine, il faut simplement qu'elle soit assez grande.

FAMILLE : Légumes-racines

VARIÉTÉS : Marché de Paris, Chantenay

TEMPS DE GERMINATION : 1 à 2 semaines

PLANTE : ↕ 20-40 cm / ↔ 20-30 cm

BISANNUELLE

SPÉCIFICITÉS : Elle est vulnérable à la mouche de la carotte. Pour cela, planter de l'ail ou des oignons à proximité pour les garder à distance. La carotte a une faible résistance au gel.

	JANV.	FÉV.	MARS	AVRIL	MAI	JUIN	JUIL.	AOÛT	SEPT.	OCT.	NOV.	DEC.
SEMER												
RÉCOLTER												

CÉLERI

Le céleri vert et le céleri blanc forment des tiges tandis que le céleri-rave forme un gros bulbe au-dessus du sol. Les deux premières espèces se récoltent tout au long de l'été et en automne. Le céleri-rave par contre ne sera prêt qu'en automne.

FAMILLE : Légumes-feuilles

VARIÉTÉS : Céleri-rave, céleri blanc, céleri vert

SEMIS : Distance de plantation : 25 cm x 30 cm

TEMPS DE GERMINATION : 2 à 3 semaines

PLANTE : ↕ 30-40 cm / ↔ 20-30 cm

ANNUELLE

SPÉCIFICITÉS : Il nécessite régulièrement de l'engrais ou du compost. Le céleri-rave ne doit pas être perturbé pendant la croissance du bulbe, sinon il risque de pourrir. Pour éviter le stress hydrique, donnez-lui assez d'eau durant les jours secs. Le céleri est vulnérable à la rouille. Enlevez les branches contaminées. Si la maladie prend le dessus, supprimer la plante entière.

	JANV.	FÉV.	MARS	AVRIL	MAI	JUIN	JUIL.	AOÛT	SEPT.	OCT.	NOV.	DEC.
SEMER			■	■	■	■						
PLANTER				■	■	■						
RÉCOLTER							■	■	■	■	■	

CHOUX

La famille des choux est immense. Il existe des dizaines de variétés différentes. Ces plantes prennent malheureusement beaucoup de place dans le potager. C'est pour cela qu'il faut bien les choisir. Ils forment une famille très large mais sont victimes des mêmes maladies et pestes telles la mouche du chou ou les chenilles. Changez-les donc chaque année de place ! Les choux se récoltent de la fin de l'été jusqu'en hiver.

FAMILLE : Choux

VARIÉTÉS : chou rouge, chou vert, chou chinois, romanesque, chou blanc, chou frisé, chou de Bruxelles, Bok Choy, brocoli, chou pointu...

SEMIS : Distance de plantation : 60 cm x 40 cm

TEMPS DE GERMINATION : 5 à 10 jours

PLANTE : ↕ 30 cm / ↔ 50-60 cm

BISANNUELLE

SPÉCIFICITÉS : Après la plantation en pleine terre, placez des collerettes aux pieds des choux afin d'éviter que la mouche du chou puisse y pondre ses œufs. Les choux sont très résistants au froid et ont même meilleur goût après les premières gelées. Donnez-leur assez de compost pour stimuler la croissance. Attention aux pigeons car ils raffolent des choux ! Placez des filets à mailles fines pour les protéger.

	JANV.	FÉV.	MARS	AVRIL	MAI	JUIN	JUIL.	AOÛT	SEPT.	OCT.	NOV.	DEC.
SEMER		■	■	■	■	■	■					
PLANTER				■	■	■	■					
RÉCOLTER						■	■	■	■	■	■	■

CONCOMBRE

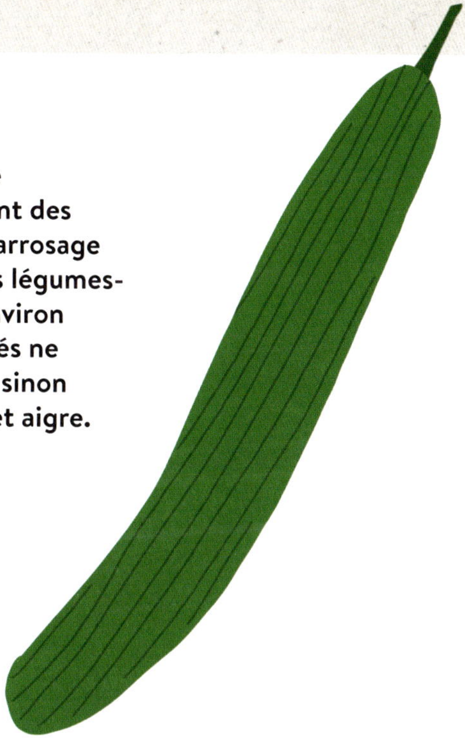

Les concombres, une espèce de Cucurbitacées, nécessitent des températures élevées et un arrosage fréquent pour produire leurs légumes-fruits qui se composent d'environ 95 % d'eau. Certaines variétés ne doivent pas être pollinisées, sinon cela donnera un goût suret et aigre.

FAMILLE : Légumes-fruits

VARIÉTÉS : Marketmore, True Lemon, Piccolino

SEMIS : Distance de plantation : 30 cm (sur construction)

TEMPS DE GERMINATION : 5 à 7 jours

PLANTE : ↕ Peut atteindre une hauteur de 2,50 m / ↔ 30 cm

ANNUELLE

SPÉCIFICITÉS : Après quelque temps, les feuilles du dessous vont devenir jaunes/brunâtres. Enlevez-les afin d'éviter d'éventuelles maladies.

	JANV.	FÉV.	MARS	AVRIL	MAI	JUIN	JUIL.	AOÛT	SEPT.	OCT.	NOV.	DEC.
SEMER				■	■							
PLANTER				(■)	■							
RÉCOLTER							■	■	■			

CORNICHON

Le cornichon est une version plus petite du concombre. L'intérêt est que cuisiné en bocal, il peut être consommé toute l'année.

FAMILLE : Légumes-fruits

VARIÉTÉS : Conda F1

SEMIS : Distance de plantation : 20 cm (sur construction)

TEMPS DE GERMINATION : 5 à 7 jours

PLANTE : Peut atteindre ↕ de +200 cm / ↔ 25 cm

ANNUELLE

SPÉCIFICITÉS : Cette petite version du concombre nécessite les mêmes soins que son grand frère. La plante peut donner jusqu'à 30 cornichons. Faites attention aux picots pendant la cueillette.

	JANV.	FÉV.	MARS	AVRIL	MAI	JUIN	JUIL.	AOÛT	SEPT.	OCT.	NOV.	DEC.
SEMER				■	■							
PLANTER				□■	■							
RÉCOLTER							■	■	■			

COURGETTE

Une autre plante qui produit des légumes en abondance ! J'en cultive plusieurs espèces afin d'avoir une variété de couleurs, tailles et formes : des rondes, des longues, des blanches, des vertes, des rayées, des jaunes… Récoltez les courgettes quand elles sont encore petites (maximum 20 cm) sinon elles deviennent coriaces et contiennent trop de graines.

FAMILLE : Légumes-fruits

VARIÉTÉS : Soleil, Cavali F1, Black Forest F1, Eight Ball, Floridor F1, Patisson, Rayée Italienne, Ronde de Nice

SEMIS : Distance de plantation : 50 cm x 40 cm

TEMPS DE GERMINATION : 4 à 8 jours

PLANTE : ↕ 40-50 cm / ↔ 50-70 cm

ANNUELLE

SPÉCIFICITÉS : La courgette nécessite peu de soins : un arrosage régulier et pas trop d'engrais. Attention, quand un fruit de Cucurbitacées (concombre, courgettes, cornichon, potiron, melon…) a un goût amer, ne le mangez pas car il est toxique ! Ce phénomène est rare. Toutes les Cucurbitacées contiennent une faible dose de toxines, appelées « cucurbitacines ». Cette dose est généralement très faible et n'est pas nocive pour les humains. Dans quelques cas rarissimes, la dose peut dépasser le seuil minimal et devenir mortelle.

	JANV.	FÉV.	MARS	AVRIL	MAI	JUIN	JUIL.	AOÛT	SEPT.	OCT.	NOV.	DÉC.
SEMER				■	■	■						
PLANTER					■	■	■					
RÉCOLTER						■	■	■	■	■		

FENOUIL

Le fenouil allège le potager grâce à ses feuilles fines et élégantes. Avec son goût d'anis, il est délicieux en salades ! Récoltez-le quand un beau bulbe s'est formé. Si une canicule se produit ou si vous n'arrosez pas régulièrement lors de la croissance, le fenouil ne formera pas de bulbe. Il fleurira immédiatement. Dans ce cas, ne l'enlevez pas, mais laissez-le fleurir pour attirer les pollinisateurs.

FAMILLE : Légumes-racines

VARIÉTÉS : Finale

SEMIS : Distance de plantation : 30 cm x 20 cm

TEMPS DE GERMINATION : 1 à 2 semaines

PLANTE : ↕ 60 cm / ↔ 30 cm

BISANNUELLE

SPÉCIFICITÉS : Le fenouil est extrêmement sensible au stress hydrique. Dès qu'il ne reçoit pas assez d'eau, il va monter en graines, ne produisant aucun bulbe. Garder la terre humide est la solution. Il existe des variétés vivaces de fenouil qui ne produisent pas de bulbe.

	JANV.	FÉV.	MARS	AVRIL	MAI	JUIN	JUIL.	AOÛT	SEPT.	OCT.	NOV.	DEC.
SEMER				X	X							
PLANTER				(X)	X							
RÉCOLTER							X	X	X			

FRAISE

Les fraises du jardin ont un goût incomparable ! Mais attention, les plantes envahissent le potager en un temps record. Inspectez-les fréquemment et coupez les ramifications. Si vous les faites pousser en hauteur, les fraisiers ne prendront pas de place. Ils ne nécessitent pas particulièrement d'engrais.

FAMILLE : Plantes vivaces

SEMIS : Distance de plantation : 20 cm x 15 cm

PLANTE : ↕ 15 cm / ↔ 20 cm

VIVACE

SPÉCIFICITÉS : Il ne faut pas la semer. Il suffit de mettre les ramifications en terre pour créer de nouveaux plants. La fraise est très riche en eau se marie très bien avec des herbes comme le basilic, le thym ou la menthe.

	JANV.	FÉV.	MARS	AVRIL	MAI	JUIN	JUIL.	AOÛT	SEPT.	OCT.	NOV.	DEC.
PLANTER			■	■								
RÉCOLTER					■	■	■					

HARICOT

Les plants de haricots ont besoin de pousser en hauteur et peuvent facilement recouvrir une construction en bambou. Plantez une dizaine de graines à chaque pied de la construction pour obtenir un résultat optimal. Dans mon potager, j'ai opté pour les haricots Borlotti et leurs magnifiques fleurs rouges.

FAMILLE : Légumineuses
VARIÉTÉS : Orinoco wax, Borlotti, Streamline d'Espagne
SEMIS : Distance de plantation : 1 cm (sur construction), semez-en assez pour avoir une récolte convenable
TEMPS DE GERMINATION : 5 à 10 jours
PLANTE : ↕ +200 cm / ↔ 10 cm
ANNUELLE
SPÉCIFICITÉS : Dès que les haricots sont mûrs, cueillez-les afin que la plante puisse en reproduire. Ne pas donner trop d'engrais.

	JANV.	FÉV.	MARS	AVRIL	MAI	JUIN	JUIL.	AOÛT	SEPT.	OCT.	NOV.	DEC.
SEMER				■	■	■	■					
PLANTER					■	■	■					
RÉCOLTER							■	■	■	■		

LAITUE

Les laitues sont des légumes à croissance rapide, mais grâce à leurs feuilles délicates, elles forment une proie pour les limaces et les escargots. Plantez-les donc en pots et récoltez-les quand un feuillage dense s'est formé. Si vous les laissez monter en semences, elles risquent d'être amères.

FAMILLE : Légumes-feuilles

VARIÉTÉS : Edox, Sylvesta, Iceberg, Lollo Rossa,

SEMIS : Distance de plantation : une plante par pot. Si en pleine terre, 30 cm x 25 cm

TEMPS DE GERMINATION : 1 à 2 semaines

PLANTE : ↕ 20 cm / ↔ 20-30 cm

ANNUELLE

SPÉCIFICITÉS : Arrosez fréquemment pour obtenir de belles feuilles. Si la laitue connaît du stress hydrique, elle montera en semences et aura un goût amer.

	JANV.	FÉV.	MARS	AVRIL	MAI	JUIN	JUIL.	AOÛT	SEPT.	OCT.	NOV.	DEC.
SEMER			x	x	x	x	x	x				
PLANTER				x	x	x	x	x	x			
RÉCOLTER					x	x	x	x	x			

MAÏS

Le maïs qu'on peut apercevoir dans les champs n'est pas le même que celui que l'on cultive dans nos petits potagers. Sur mon lopin de terre, je plante du maïs sucré. Plantez-en au moins sur 1 m³ afin d'obtenir une pollinisation optimale et une récolte assurée.

FAMILLE : Légumes-fruits

SEMIS : Distance de plantation : 15 cm x 15 cm

TEMPS DE GERMINATION : 5 à 10 jours

PLANTE : ↕ +200 cm / ↔ 20 cm

ANNUELLE

SPÉCIFICITÉS : Pour la récolte, piquez dans un grain de maïs, si le liquide qui en sort est laiteux, l'épi de maïs est prêt.

	JANV.	FÉV.	MARS	AVRIL	MAI	JUIN	JUIL.	AOÛT	SEPT.	OCT.	NOV.	DEC.
SEMER				■	■							
RÉCOLTER								■	■			

OIGNON DE PRINTEMPS

Il se cultive plus facilement dans une terre très légère. Comme j'ai un sol argileux et lourd, je le cultive en bacs dans lesquels j'ajoute du sable. Les oignons aiment être plantés à côté des petits poids.

FAMILLE : Légumes-racines

SEMIS : Distance de plantation : 5 cm x 5 cm

TEMPS DE GERMINATION : 1 à 2 semaines

PLANTE : ↕ 30-40 cm / ↔ 10 cm

ANNUELLE

SPÉCIFICITÉS : Les oignons de printemps se cultivent le mieux dans un endroit chaud et ensoleillé. Récoltez-les lorsque la tige fait un bon centimètre de large.

	JANV.	FÉV.	MARS	AVRIL	MAI	JUIN	JUIL.	AOUT	SEPT.	OCT.	NOV.	DEC.
SEMER			■	■	■							
RÉCOLTER					■	■	■	■	■	■		

POIS

Les petits pois sont d'une beauté exceptionnelle grâce à leurs branches fines. Ils se sèment au printemps et en automne dans une terre allégée.
Pour obtenir des pois croquants, je les récolte jeunes. Lorsqu'ils ne sont pas encore arrivés à maturité, vous pouvez même les consommer crus, goûtez, on dirait des bonbons !

FAMILLE : Légumineuses

VARIÉTÉS : Désirée

SEMIS : Distance de plantation : 2 cm sur une construction

TEMPS DE GERMINATION : 1 semaine

PLANTE : ↕ 50-200 cm / ↔ 20 cm

ANNUELLE

SPÉCIFICITÉS : Ne pas donner trop d'engrais afin que la plante puisse concentrer son énergie sur les pois au lieu des feuilles.

	JANV.	FÉV.	MARS	AVRIL	MAI	JUIN	JUIL.	AOÛT	SEPT.	OCT.	NOV.	DEC.
SEMER												
PLANTER												
RÉCOLTER												

OIGNON DE PRINTEMPS

Il se cultive plus facilement dans une terre très légère. Comme j'ai un sol argileux et lourd, je le cultive en bacs dans lesquels j'ajoute du sable. Les oignons aiment être plantés à côté des petits poids.

FAMILLE : Légumes-racines

SEMIS : Distance de plantation : 5 cm x 5 cm

TEMPS DE GERMINATION : 1 à 2 semaines

PLANTE : ↕ 30-40 cm / ↔ 10 cm

ANNUELLE

SPÉCIFICITÉS : Les oignons de printemps se cultivent le mieux dans un endroit chaud et ensoleillé. Récoltez-les lorsque la tige fait un bon centimètre de large.

	JANV.	FÉV.	MARS	AVRIL	MAI	JUIN	JUIL.	AOUT	SEPT.	OCT.	NOV.	DEC.
SEMER			■	■	■							
RÉCOLTER					■	■	■	■	■	■		

LES RECETTES
DU POTAGER

À chaque saison, je récolte énormément
de légumes. D'une année à l'autre,
la quantité peut varier. Une diversité
de recettes s'impose à ces moments-là.
Pour vous donner un peu d'idées,
voici quelques-unes de mes recettes préférées.

LES TOMATES SÉCHÉES

Vous avez planté trop de plants de tomates et vous ne savez plus quoi faire de toutes ces récoltes ? Transformez-les en tomates séchées ! Elles sont délicieuses en salades, dans des pâtes fraîches, à l'apéro, etc.

Un bon kilo de tomates cerises bien mûres pour obtenir un goût optimal
De l'huile d'olive (optionnel : huile aromatisée)
Des herbes séchées : origan, romarin ou autres. Il est très important d'utiliser des feuilles séchées sinon elles risquent de moisir et de contaminer les tomates.
Du sel

Nettoyez les tomates cerises et coupez-les en deux dans la longueur.
Placez-les dans un déshydrateur à 70 °C pendant 12 heures ou dans le four à 90 °C pendant 7 heures.
Lavez et stérilisez un bocal.
Placez les tomates, les herbes séchées et l'huile d'olive dans le bocal refroidi et ajoutez-y une pincée de sel. Fermez le bocal.
Les tomates séchées se conservent environ 3 semaines à un endroit frais en dehors du frigo.

MA SALADE PRÉFÉRÉE

Envie d'impressionner vos invités ? Servez-leur cette salade, une recette aussi belle que bonne. Vous pourrez créer la vôtre avec ce que vous avez dans votre potager.

POUR 2 PERSONNES

Pour la salade :
Une laitue
Quelques tomates cerises
Du fromage de chèvre
Une dizaine de tranches de filet de Saxe ou bacon
Des myrtilles
De l'aneth et de la menthe fraîche
Des oignons de printemps

Pour la sauce :
De l'huile d'olive
Du vinaigre de framboise (ou autre)
Du sel et du poivre
Des fleurs comestibles comme des capucines, des soucis (calendulas), de la bourrache, de la cardamine des prés, etc.

Mettez les tranches de filet de Saxe au four à 90 °C pendant 2 h 30 pour les rendre croustillantes.
Lavez la laitue et découpez les grandes feuilles en petits morceaux pour faciliter le dressage.
Mélangez les feuilles de laitue, l'aneth, les feuilles de menthe, les morceaux d'oignons de printemps et les myrtilles dans un grand saladier.
Assaisonnez le tout de sel, de poivre, d'huile d'olive et de vinaigre de framboise.
Disposez sur les assiettes.
Dressez la salade avec des morceaux de fromage de chèvre, quelques tomates cerises et les tranches de filet de Saxe croustillantes.
Décorez l'assiette avec les fleurs comestibles.

LES CÂPRES DE CAPUCINES

Vous connaissez sûrement les câpres classiques, mais avez-vous déjà entendu parler des câpres de capucines ? Ils ont un goût plus fort et plus spécifique mais ils sont croquants et délicieusement frais dans une salade !

200 g de graines de capucines fraîches
Du vinaigre blanc
De l'eau
Des grains de poivre noir
2 gousses d'ail frais
Quelques branches d'estragon
Du gros sel

Rincez les graines de capucines et séchez-les.
Placez-les une nuit dans un bol recouvertes de gros sel.
Stérilisez un bocal.
Faites bouillir un mélange de vinaigre et d'eau (proportions moitié-moitié).
Placez les grains de poivre noir, les deux gousses d'ail, les branches d'estragon et les graines de capucines dans le bocal destiné à la conserve.
Videz le mélange brûlant dans le bocal et fermez-le immédiatement afin d'enlever l'air.
Laissez les câpres reposer pendant 2 semaines avant de les consommer.
Ils se conservent plusieurs mois à un endroit frais.

LE CARPACCIO DE BETTERAVES ET LES SPAGHETTIS DE COURGETTES

Un délicieux plat léger et plein de vitamines : un carpaccio de betteraves rouges servi avec des spaghettis de courgettes crus.

Quelques betteraves rouges
2 petites courgettes
De l'huile d'olive
Poivre et sel
Le jus d'un demi-citron

Cuisez les betteraves non pelées à la vapeur pendant 30 à 40 minutes selon leur taille.
Entre-temps, coupez les courgettes en spaghettis ou utilisez une machine à spaghettis.
Faites mariner les spaghettis de courgettes dans de l'huile d'olive, assaisonnez le tout de sel, de poivre et de jus de citron.
Enlevez la peau des betteraves.
Coupez les betteraves le plus finement possible à l'aide d'une mandoline, salez et poivrez.
Servez le carpaccio de betteraves et les spaghettis de courgettes sur une assiette et décorez avec une fleur d'aneth.

LES CHIPS DE COURGETTES

Rien de tel que de délicieuses chips de courgettes à l'apéro. Elles sont croustillantes, faciles à préparer.

2 petites courgettes d'environ 15 à 20 cm
De l'huile d'olive
De la fleur de sel et du poivre
De l'origan et du romarin

Coupez les courgettes en longueur avec une mandoline. L'épaisseur des tranches doit être d'environ 1 millimètre.
Mettez-les dans un grand bol et ajoutez-y le poivre, les herbes et l'huile d'olive. Mélangez et laissez mariner pendant une demi-heure.
Étalez les fines tranches de courgettes sur une plaque recouverte de papier cuisson. Serrez-les bien les unes contre les autres car elles rétréciront.
Placez-les au four à 70 °C pendant 4 heures afin de les rendre croustillantes.
Saupoudrez de fleur de sel.

LES CORNICHONS AIGRE-DOUX

Les cornichons produisent en abondance durant tout l'été. Pour les conserver, je vous propose la fameuse recette à l'aigre-doux.

Des cornichons
Une gousse d'ail
De l'aneth
Des grains de poivre
Des graines de coriandre
Des graines de moutarde
Une feuille de laurier
Du sucre blanc
De l'eau
Du vinaigre blanc
Du vinaigre au miel

Stérilisez un bocal.
Entre-temps, lavez les cornichons et coupez-les en fines tranches d'environ 2 à 3 millimètres à l'aide d'une mandoline.
Placez une gousse d'ail, quelques grains de poivre et de moutarde, des graines de coriandre, une feuille de laurier et de l'aneth dans le bocal.
Ajoutez les tranches de cornichons.
Ne le remplissez pas trop, cela empêchera les arômes de se disperser.
Remplissez le bocal de : ½ d'eau tempérée, ¼ de vinaigre blanc et ¼ de vinaigre au miel.
Il n'est pas nécessaire de faire bouillir le vinaigre. Ajoutez du sucre blanc.
Pour un récipient de 400 ml, j'ajoute généralement 80 à 100 g de sucre.
Secouez et goûtez le mélange pour l'assaisonner à votre goût. Mettez le bocal au réfrigérateur pendant 10 jours. Secouez-le tous les jours pour que les arômes se mélangent.

LES HUILES AROMATISÉES ET LE VINAIGRE L'ESTRAGON

Pour assaisonner des viandes, salades et autre plats, j'utilise souvent mes huiles d'olive aromatisées et le vinaigre d'estragon. Avant de remplir les bouteilles, stérilisez-les. N'oubliez pas d'enlever les caoutchoucs des bouchons avant de les placer au four.

POUR LES HUILES AU ROMARIN, AU THYM ET À L'ORIGAN :

Remplissez une bouteille en verre de branches d'herbes fraîches et d'huile d'olive. Le romarin, le thym et l'origan sont des plantes ligneuses, ce qui signifie que leur tige est en bois et qu'elles ne risquent pas de pourrir ou de moisir après un certain temps. Laissez infuser les arômes pendant 3 semaines avant d'utiliser les huiles.

CONSEIL Pour obtenir un arôme parfait, secouez les bouteilles tous les jours pendant 3 semaines.

POUR L'HUILE AU BASILIC :

Remplissez une bouteille en verre de feuilles de basilic et d'huile d'olive. Laissez macérer les feuilles pendant 3 semaines dans un endroit sombre. Retirez-les ensuite car elles risquent de moisir. Le basilic ne fait après tout pas partie des plantes ligneuses.

POUR LE VINAIGRE À L'ESTRAGON (500 ML) :

Videz 250 ml d'eau et 250 ml de vinaigre blanc dans un petit poêlon et portez le tout à ébullition. Coupez deux gousses d'ail frais et placez-les dans une bouteille en verre avec quelques grains de poivre noir, une pincée de sel et quelques branches d'estragon frais. Videz le mélange brûlant dans la bouteille à l'aide d'un entonnoir. Fermez la bouteille et laissez reposer pendant 3 semaines avant utilisation.

C'EST ICI QUE SE TERMINE LA VISITE DE MON POTAGER !

J'espère que cette année au potager vous a plu. Si vous êtes devenu passionné comme moi, partagez un maximum : invitez vos amis au jardin, faites découvrir ce que vous avez appris !

Vous avez peut-être pu connaître la joie d'offrir vos propres légumes... Et surtout sans vous en rendre compte, vous avez dépollué le sol et cultivé votre propre alimentation biologique, locale et naturelle, sans pétrole. Vous en avez aussi certainement appris plus sur le vivant ! Vous avez fait des économies, gagné en autonomie et en savoirs.

Vous allez voir, plus on jardine, plus il est intéressant d'accumuler les connaissances. Et puis, votre potager deviendra de plus en plus productif : le sol s'enrichira, la biodiversité augmentera et vous apprendrez de vos expériences ! Surtout, soyez créatif, inventif et essayez ! Une fois que vous avez les bases – que je vous ai communiquées ici – prenez de la liberté et du plaisir.

Imaginez si nos villes et nos campagnes étaient remplies de petits potagers...

Je vous souhaite un jardin abondant et beau.
À bientôt,

Arthur

Mot de remerciement

J'aimerais tout d'abord remercier ma maman Joëlle qui m'a donné la possibilité de développer mes multiples passions et qui m'a transmis les valeurs fondamentales de la vie. Un grand merci à Alphonse et son épouse Jeanne, mon Fonske et ma Jeanneke comme je les appelle, qui m'ont fait connaître leur passion pour le jardinage. Ils resteront pour toujours mes grands-parents de cœur. Merci également à mon Papy qui m'a inculqué l'amour pour la nature dès mon plus jeune âge. J'aimerais également remercier toute l'équipe des éditions Ulmer de m'avoir donné la chance de pouvoir partager ma passion et ma connaissance avec d'autres jardiniers, comme Alphonse l'a fait avec moi.

Toutes les photographies et illustrations sont d'Arthur Motté.

Facebook : Le Potager d'Arthur - @lepotagerdarthur
Instagram : Le Potager d'Arthur - @le_potager_darthur
Site web : www.lepotagerdarthur.com